Андрей А. Ковалёв

СВИДЕТЕЛЬСТВО ИЗ-ЗА КУЛИС РОССИЙСКОЙ ПОЛИТИКИ II

Угроза для себя и окружающих
(Наблюдения и предостережения относительно
происходящего после 2000 г.)

ibidem-Verlag
Stuttgart

Bibliografische Information der Deutschen Nationalbibliothek
Die Deutsche Nationalbibliothek verzeichnet diese Publikation in der
Deutschen Nationalbibliografie; detaillierte bibliografische Daten sind im
Internet über http://dnb.d-nb.de abrufbar.

Bibliographic information published by the Deutsche Nationalbibliothek
Die Deutsche Nationalbibliothek lists this publication in the Deutsche Nationalbibliografie;
detailed bibliographic data are available in the Internet at http://dnb.d-nb.de.

∞

Gedruckt auf alterungsbeständigem, säurefreien Papier
Printed on acid-free paper

ISSN: 1614-3515

ISBN-13: 978-3-8382-0303-4

© *ibidem*-Verlag
Stuttgart 2012

Мы живем, под собою не чуя страны,
Наши речи за десять шагов не слышны...

Осип Мандельштам

Как живешь ты, великая Родина Страха?
Сколько раз ты на страхе
                    возрождалась из праха!..
Мы учились бояться ещё до рожденья.
Страх державный
                    выращивался, как растенье.

Роберт Рождественский

Soviet and Post-Soviet Politics and Society (SPPS) Vol. 112

ISSN 1614-3515

General Editor: Andreas Umland, *Kyiv-Mohyla Academy*, umland@stanfordalumni.org

Editorial Assistant: Olena Sivuda, *Drahomanov Pedagogical University of Kyiv*, SLS6255@ku-eichstaett.de

Soviet and Post-Soviet Politics and Society (SPPS)

ISSN 1614-3515

Founded in 2004 and refereed since 2007, SPPS makes available affordable English-, German- and Russian-language studies on the history of the countries of the former Soviet bloc from the late Tsarist period to today. It publishes between 5 and 20 volumes per year, and focuses on issues in transitions to and from democracy such as economic crisis, identity formation, civil society development, and constitutional reform in CEE and the NIS. SPPS also aims to highlight so far understudied themes in East European studies such as right-wing radicalism, religious life, higher education, or human rights protection. The authors and titles of all previously published manuscripts are listed at the end of this book. For a full description of the series and reviews of its books, see www.ibidem-verlag.de/red/spps.

Editorial correspondence & manuscripts should be sent to: Dr. Andreas Umland, DAAD, German Embassy, vul. Bohdana Khmelnitskoho 25, UA-01901 Kyiv, Ukraine. e-mail: umland@stanfordalumni.org

Business correspondence & review copy requests should be sent to: *ibidem*-Verlag, Julius-Leber-Weg 11, D-30457 Hannover, Germany; tel.: +49(0)511-2622200; fax: +49(0)511-2622201; spps@ibidem-verlag.de.

Book orders & payments should be made via the publisher's electronic book shop at: www.ibidem-verlag.de/red/SPPS_EN/

Authors, reviewers, referees, and editors for (as well as all other persons sympathetic to) SPPS are invited to join its networks at www.facebook.com/group.php?gid=52638198614 www.linkedin.com/groups?about=&gid=103012 www.xing.com/net/spps-ibidem-verlag/

Оглавление

Предисловие

В своё время президент США Рональд Рейган охарактеризовал Россию, называвшуюся тогда Союзом Советских Социалистических Республик, как империю зла. Это определение не могло не шокировать даже задыхавшегося от неприятия окружающей действительности патриота. Позже пришло осознание правоты американского президента, дипломатическими средствами немало сделавшего для трансформации СССР в демократическое правовое государство. Другое дело, что Рейган не преуспел бы в этом, если бы ту же цель не преследовал тогдашний руководитель страны Михаил Горбачёв.

Империя зла – безусловно ёмкая и точная характеристика СССР. Это действительно была империя, распространившая зло своего мессианства на оккупированные территории Центральной и Восточной Европы и на развивающиеся страны «социалистической ориентации». Другое дело, что основные черты имманентные российской государственности и русскому национальному характеру, там не прижились, да и прижиться не могли как противоречащие самой человеческой природе.

Говоря об империи зла, необходимо пояснить, что Россия, развивавшаяся столетиями и вплоть до реформации Горбачёва как империя, основанная на всеобщем рабстве, а после большевистского переворота 1917 года на диктатуре миросозерцания (ключевое понятие для советской и постсоветской России, разработанное Николаем Бердяевым), не только захватывала всё новые территории, но и мессиански стремилась навязать это мировоззренческое рабство другим странам.

Разумеется, к СССР не было применимо известное определение зла как полного преодоления добра. В послесталинский период оно неприменимо даже к власти. Это подтверждает тот факт, что либерализация страны при горбачёвской перестройке была «спущена сверху», шла от высшей власти, что её декретировали и осуществляли те, кого называют системными диссидентами. Это понятие необходимо пояснить. Системные диссиденты представляли собой крайне немногочисленную, выбивающуюся из нормальной логики, но весьма влиятельную категорию советских функционеров, которые не были согласны с происходящим в стране. Часто влиятельных, высокопоставленных и, соответственно, по советским критериям благоденствующих. Внешняя сторона их жизни выглядела стандартно и не так уж плохо для советских сановников: чёрные служебные машины, аппараты правительственной связи («вертушки», «ВЧ»), практически дармовой ежегодный отдых в закрытых для простых смертных домах отдыха на Чёрном и Балтийском морях или в средней полосе, доступная только «избранным» медицина, etc., etc. Не сговариваясь, но многое понимая, никак не афишируя это, практически втихаря, они делали то, что считали правильным, используя своё положение и влияние для изменение советской системы. Кстати, основательно при этом рискуя. И именно им в решающей степени страна обязана крахом советского тоталитаризма.

Появление в СССР таких людей, на всех уровнях советской иерархии объясняется просто и логично. Система отбирала для себя наиболее квалифицированных и талантливых служителей. Разумеется, в той или иной мере воспитанных в почитании коммунистических догм. Но здесь надо уточнить, что эти догмы были отнюдь не однозначны. Молодые Маркс и Энгельс – отнюдь не те же, что поздние. Ленин же и вовсе наговорил и написал столько, что у него можно при желании найти абсолютно противоречащие друг другу высказывания практически по любому поводу. Я сам, например, аргументировал в своих записках в ЦК КПСС цитатами из «основоположников» необходимость принятия тех или иных демократических решений. О других, диаметрально противоположных цитатах, впрочем, умалчивал.

Многие системные диссиденты были шестидесятниками, теми, кого называли детьми XX съезда. Людьми, воспрявшими от разоблачений – пусть половинчатых, поверхностных – культа личности Сталина. Верившими, что возвращение к «ленинским нормам» очистит жизнь от всякого рода скверны. Сейчас это, конечно, выглядит смешной наивностью. Но в условиях ожесточённой борьбы со сторонниками реабилитации Сталина это было крайне важно. Находясь в СССР внутри системы власти, нельзя быть от неё свободным до конца даже внутренне. Не могли не сказываться воспитание, образование, которые мало чем отличались от гипноза, образ жизни, круг общений. И, конечно, обязательное вбивание в головы марксизма-ленинизма, каждодневное восхваление «социализма», иная возведённая в абсолют ложь – Большая Ложь. Не будем при этом забывать, что ни диссиденты как таковые, ни системные диссиденты в те времена не отрицали систему как таковую[1].

После прихода к власти Горбачёва и начала подготовки демократических реформ, системным диссидентам казалось, что не за горами преодоление инерции зла и, тем самым, трансформация СССР в нормальную демократическую страну. Но попытка ликвидировать зло в СССР, предпринятая Горбачёвым, Яковлевым, Шеварднадзе и их единомышленниками, ликвидировала саму страну.

Пока невозможно дать полное определение периода президентства Ельцина, когда причудливо сочетались его печально известные слабости, недостаточные для главы государства компетентность и ответственность, инерция горбачёвских реформ, а также набирающая силу реакция и недопустимая для власти откровенная, доминирующая над интересами страны, корысть. По сути, страной через Ельцина управляли кукловоды, причём кукловоды разные, нередко враждующие между собой. Ни у кого не вызывало сомнений, что это был переходный период. Вопрос заключался в том, переходный к чему: к демократии или к реакции?

Есть немало объяснений тому, что Россия вновь выбрала дорогу никуда, что в политике России после 2000 года произошёл ни с чем не сопоставимый откат, что спровоцированная Москвой война с Грузией отбросила Россию во времена советско-финской войны, а вояж кораблей военно-морского флота в Латинскую Америку вызывает аллюзии к временам Карибского кризиса, что политические убийства, преследования и наказания – порой бессмысленно жестокие – инакомыслящих столь откровенны при путинократии. Одно из них заключается в следующем.

Нет, наверное, ничего более болезненного, чем ломка устоявшихся привычек и стереотипов, в чём бы они ни заключались – в потреблении наркотиков, водки, сигарет, или же в образе мыслей и образе действий. Российское население со второй половины 1980-х годов пережило

---

1   Одна из старейшин диссидентского движения в СССР Людмила Алексеева пишет в своей безусловно честной книге «Поколение оттепели»: «Я не знала ни одного противника социализма в нашей стране, хотя нас и возмущала негуманность нашего общества. Мы подхватывали лозунги чехословацких реформаторов (Пражской весны 1968-го года – А.К.), которые вели борьбу со сталинизмом. Мы разделяли близкую нам идею «социализма с человеческим лицом». (Людмила Михайловна Алексеева, Пол Голдберг. *Поколение оттепели*. М.: Издатель Захаров, 2006. С. 14-15).

минимум две такие ломки. Первая из них была связана с отказом от догм, на которых были взращены поколения «строителей коммунизма» в СССР, с развенчанием их богов, божков, икон и прочих «святынь» при горбачёвской реформации. Накал напряжения в обществе достиг такого градуса, что рушились семьи, старые дружбы... Прочитав статьи с разоблачениями своих кумиров, люди впадали в депрессию, в запой, сходили с ума[2]. Поддержка бархатных революций в восточноевропейских странах, не говоря уже о воссоединении Германии, многими воспринималась как «сдача итогов победы» во Второй мировой войне, а то, что СССР пошёл на реальные шаги в направлении разоружения, поддержал захваченный Ираком Кувейт и операцию «Буря в пустыне» и вовсе чуть ли не как сдачу внешнеполитических позиций и «капитуляцию перед империализмом».

Однако эта ломка была преимущественно элитарной. Крах же привычной реальности, называвшейся СССР, стала труднопереносимой уже для большинства населения, в одночасье обнищавшего из-за обесценения денег после начала экономических реформ Ельцина. Что же касается так называемой элиты, она ощутила себя несколько странно: та же Москва, тот же Кремль, но страна объективно изменилась и территориально, и по численности населения, и по своим экономическим, внешнеполитическим и военным возможностям.

Изменилась и система международных отношений. Советский имперский монстр распался аж на пятнадцать государств, «страны социалистической ориентации» и «прогрессивные силы человечества» остались без слепого поводыря, который вёл их в пропасть.

Объективно говоря, России выпала уникальная возможность стать нормальной страной. Краткосрочный демократический выигрыш мог обернуться не только общенациональным, но и общецивилизационным прорывом в новое качество. Этого, однако, не произошло. К власти в России пришли люди, неспособные к позитивному мышлению, к отказу от стереотипов (при этом нельзя забывать о недавнем на тот момент прошлом Ельцина как провинциального коммунистического лидера), к переосмыслению реальности. Команду Ельцина составляла странная смесь теоретиков демократии и советских функционеров среднего зве-

---

2   Один такой грустный случай произошёл у меня на глазах: психика пожилого сотрудника МИДа, при Сталине работавшего в прокуратуре, не выдержала статьи о бесчинствах сталинского Генерального прокурора А. Я. Вышинского.

на, вознёсшихся вверх через много ступеней не только служебной карьеры, но и уровня своей некомпетентности.

Нежелание и неспособность российских властей, начиная с 1992 года понять и признать изменения места и роли страны в мировых делах, отсутствие у них позитивного видения её новых возможностей и перспектив, не могли не привести к серьёзным последствиям, включая абстиненцию от диктатуры вовне и внутри. Кремль и «элита» переживают настоящую ломку, как самый завзятый наркоман.

Выигрыш обернулся проигрышем.

Работая во второй половине 1980-х годов в министерстве иностранных дел СССР и занимаясь там, помимо прочих дел, ликвидацией карательной психиатрии, я постоянно сталкивался с врачебными заключениями, гласящими, что тот или иной пациент «представляет угрозу для себя и окружающих». При составлении законопроекта о психиатрии, перед членами рабочей группы всё время вставал вопрос: что же представляет собой эта угроза. В результате я начал прикидывать этот термин к своей стране. Вряд ли у кого-то может вызвать сомнение тот факт, что СССР, миллионами уничтожавший свой народ ради какого-то абстрактного «светлого будущего», всерьёз готовившийся к ракетно-ядерному самоубийству, действительно представлял собой опасность для самого себя и остального мира. При Горбачёве казалось, что эту опасность можно преодолеть: с одной стороны, власть уже перестала представлять собой приют для престарелых, сама стремилась к врачеванию страны, с другой – ещё не вошла в этап пира во время чумы; её обвал в путинско-медведевский инфантилизм был и вовсе непредсказуем.

Этот инфантилизм оказался во много крат опаснее брежневско-черненковского маразма. Инфантилизму свойственны такие проявления, как эгоцентризм, жестокость, нежелание и неспособность считаться с другими. Ему присуща истерия, одним из характерных проявлений которой является особая театральность поведения, стремление обратить на себя внимание. Такая демонстративность очень характерна для Кремля. В частности, она появляется в показной готовности к новой холодной войне. Судя по всему, Кремль в ней нуждается. Но у истериков мышление аффективное, доводы рассудка и факты для них мало значат. Истерия индуцирует окружающих, что выгодно власти: ведь истерическое население легковнушаемо. Носителям инфантилизма свойственно жить в вымышленном мире из-за их неспособности отделить реальность от своих фантазий. Инфантилизму также свойственны безответственность и эмоциональная тупость. Инфантильные руководители всегда играют. Но не в оловянные солдатики – жизнями людей. У них весьма своеобразная система ценностей – что им до страданий, причинённых другим? Они об этих «мелочах» даже не задумываются.

Психиатрам известно своеобразное психическое расстройство – «помешательство вдвоем», когда здоровый человек индуцируется больным, причем индуцируемый может быть опаснее индуцирующего. И власти, и части населения такое взаимодействие нравится – каждой из сторон по своим причинам. Кремль цинично индуцирует окружающих фантомом благ и фантомом силы. При этом он занимается самовнушением, что так оно и есть на самом деле. А население легко согласилось с тем, что оно якобы постоянно унижалось квази-демократией, деколонизацией оккупированных в результате Второй мировой войны стран (на языке тех, кто величает себя «патриотами» это называется предательством национальных интересов и сдачей итогов Великой Победы), нормализацией отношений с Западом.

Властью была достаточно эффективно произведена легко принятая населением подмена понятий. Одна из её главных целей заключалась в том, чтобы переключить внимание действительно униженных своим обнищанием, постоянно обманываемых людей на другие проблемы. Так же как в приснопамятные советские времена, значительное большинство поставило свои собственные интересы ниже мнимых государственных. Эта подмена понятий прошла тем более гладко, что, во-первых, она была хорошо подготовлена, а во-вторых, благодаря ливню нефтедолларов, который многим облегчил привычное отождествление своих собственных интересов с интересами власти.

Итак, Россия больна. Причём её болезнь имеет комплексный, психосоматический характер. Наиболее явно психосоматический статус страны проявляется, в том числе, в маниакально-депрессивном психозе с ярко выраженными манией величия, манией преследования, клептоманией, которые сопровождаются дистрофией из-за объективно падающей, несмотря на неплохое (до поры до времени) финансовое положение, экономики; военная организация страны пребывает с ельцинских времён в состоянии усугубляющегося развала, чему никак не противоречит начавшаяся при Путине неадекватная ремилитаризация страны, являющаяся явным проявлением этого диагноза.

Специалисты утверждают, что людей, много времени проведших в местах лишения свободы, туда вновь тянет после освобождения. Там всё ясно: оденут, обуют, накормят-напоят, строго по графику уложат спать, а утром разбудят. А на воле... «Мне вчера дали свободу, что я с ней делать буду?», – задавался пророческим вопросом Владимир Высоцкий.

И страна – в который раз! – *добровольно* рванула в неволю, полагая, что она и есть свобода и демократия. Счастье для себя, близких и дальних. И не задумываясь, что это – свобода от ответственности, свобода от совести, свобода от выбора, свобода от индивидуальности, от собственного мнения... Для покалеченного властью российского общества, ставшего обществом ложных ценностей, это был естественный выбор. Выбор тех, в ком чуть ли не на генетическом уровне заложен страх перед властью, выбор поколения, воспитанного в единомыслии, безальтернативности, обескровленного последствиями «классовой борьбы», ленинско-сталинских концентрационных лагерей. Это был естественный выбор и для очень многих потомков этого поколения.

Страна поражена клептоманией, когда воруют уже не только у других, но и у самих себя, у собственного будущего. Это началось в 1917 году, когда у власти оказалось немало недобросовестных вороватых нищих, причём нищих не только материально, но и духовно. С тех пор воровство (в разные периоды в больших или в меньших масштабах) не прекращалось. Его пик пришёлся на период приватизации, с чем сейчас в России уже никто не спорит. Никто не спорит и с тем, что и сейчас страна разворовывается, что в ней царит коррупция. К этому нелишне добавить и поистине мистические сюжеты вокруг перераспределения собственности. Наиболее известные случаи медиа-холдинг «Мост» Владимира Гусинского, телеканалы, в частности Бориса Березовского, «ЮКОС» Михаила Ходорковского... Следует особо подчеркнуть, что речь идет не о личностях, а о принципе. Кстати, возникает сомнение относительно того, не вернулся ли на российскую почву принцип «исторической целесообразности», которым советская власть в годы после большевистского переворота обосновывала свои беззакония?

Россия больна позорным, взращенным ещё Сталиным, нацизмом. Конечно, сейчас не депортируют целые нации. Но то, что ультранационалистические общество «Память», партия В. Жириновского ЛДПР были созданы по инициативе и с участием ЦК КПСС вкупе с КГБ СССР – исторический факт. К сожалению, архивы по этому поводу недоступны. Изначально взращенный советской властью русский нацизм до сих пор холится и лелеется государством. Забыла власть или не знала по безграмотности последствия создания защищавшей доведшего Россию до большевистской катастрофы Николая II «чёрной сотни» – этих проправительственных погромщиков «инородцев». И не напоминает ли пропутинская партия «Единая Россия» партию монархистов, созданной этим чуть ли не самым бездарным русским царём?

Сталин, этот достойный преемник Ленина, даже в чём-то превзошедший «вождя мирового пролетариата», до такой степени оболванил расстрелами, лагерями, пропагандой доведённый им до материальной и интеллектуально-нравственной нищеты, обескровленный народ, что этот самый народ чуть ли не поголовно рыдал, узнав о смерти своего палача. Сталин был *безальтернативен*. И именно ему за счёт этой безальтернативности удалось ввести в норму жизни в стране садомазохистские извращения, когда государство глумится над населением, а оно (население) получает от этого удовольствие и восторгается государством.

Слово «безальтернативность» очень важно для России. Как только появляются ростки демократии, оно исчезает из политического обихода. Например, никто не говорил о безальтернативности Горбачёва или Ельцина. Но *Путин вновь оказался безальтернативен*, в частности, в качестве какого-то мифического «национального лидера».

Безальтернативность, как минимум, свидетельствует не только о кризисе демократии, а точнее – её отсутствии. Это – своего рода некое критическое значение состояния власти, общества и их взаимодействия. В частности, безальтернативность безошибочно показывает, что в стране доминирует серость – этот субпродукт европейской культуры, всей современной цивилизации. Именно серость стала питательной средой того, негативного, что губило, губит и, увы, будет губить Россию. Действительно, только там, где доминирует серость, политик может неудержимо набирать популярность на беде, на горе. Вспомним: безвестный и непопулярный Владимир Путин стал кумиром в результате взрывов жилых домов в Москве и Волгодонске, начала второй войны в Чечне.

Только там, где над всем доминирует разруха в головах, общество радуется, когда над ним глумятся.

Суммируя этот далеко не полный «анамнез», можно со всей уверенностью утверждать, что Россия вновь стала представлять несомненную угрозу для себя и окружающих.

Революция чекистов: новая опричнина

«Приказ номер один по полному захвату власти выполнен. Группа офицеров ФСБ успешно внедрилась в правительство». Эти слова произнёс в штаб-квартире ВЧК-КГБ-ФСБ в декабре 1999 года недавно назначенный главой правительства Владимир Путин, который (видимо на собственном опыте) утверждает, что чекисты бывшими не бывают.

Приход в России к власти спецслужб как таковых – случай уникальный во всей мировой истории, однако в чём-то закономерный для России. Соответствующие предпосылки начали создаваться после большевистского переворота 1917 года. Абстрагируемся от ничего на деле не значащих в данном случае слов и лозунгов (как, например, построение социализма, социальная справедливость и пр.). Вспомним меры, которые пришедшие к власти большевики и левые эсеры использовали для «борьбы с самодержавием» (террористические акты, ограбления) и для управления страной (циничный отход от собственных лозунгов, массовый террор для достижения своих целей – «подавление контрреволюции», зачастую просто понимаемой как инакомыслие, фактическое уничтожение крестьянства, провозглашённое «коллективизацией» и «раскулачиваем», индустриализация руками мучеников ГУЛА-Га). В итоге, если отрешиться от демагогии, получается, что 7 ноября 1917 года произошёл захват власти террористами и уголовниками, органично трансформировавшими терроризм революционный в терроризм государственный. (Казалось бы, незначительный, но крайне выразительный штрих к портрету большевистского режима: уголовные преступники считались *социально близкими*, в то время как политические заключённые – *врагами народа*).

Александр Николаевич Яковлев, который заслуженно считался архитектором перестройки, а также одним из умнейших и честнейших людей своего времени писал: «Я пришел к глубокому убеждению, что октябрьский переворот является контрреволюцией, положившей начало созданию уголовно-террористического государства фашистского типа» [3].

---

3   А. Н. Яковлев. *Омут памяти*. М.: «Вагриус», 2000. С. 8.

Интересное рассуждение о природе советской власти принадлежит Владимиру Буковскому: «Порою... саморазрушительное упрямство властей кажется просто невероятным, однако мы забываем, что террористическая власть и не может быть иной. Ее отличие от власти демократической в том и состоит, что она не является функцией общественного мнения. А в таком государстве человек не может иметь никаких прав – любое неотъемлемое право отдельного человека моментально отнимает у государства крупицу власти. Каждый человек обязан усвоить с детства как аксиому, что никогда, ни при каких обстоятельствах и никаким способом не сможет он повлиять на власть. Любое решение приходит только по инициативе сверху. Власть незыблема, непогрешима и непреклонна, а всему миру только одно и остается – приспосабливаться к ней. Ее можно униженно просить о милости, но не требовать от нее положенного. Ей не нужны сознательные граждане, требующие законности, ей нужны рабы. Равным образом, ей не нужны партнеры – ей нужны сателлиты. Подобно параноику, одержимому своей фантастической идеей, она не может и не хочет признавать реальности – она реализует свой бред и всем навязывает свои критерии.»[4]

Такой власти был необходим надёжный и эффективный инструмент для создания на управляемой им территории небывалого рабства, включая ментальное. Этим инструментом стала ВЧК – Всероссийская Чрезвычайная Комиссия, безжалостно искоренявшая любые «ереси», предтеча нынешней ФСБ. Необходимо сразу отметить, что деятельность ВЧК изначально во многом основывалась на выдуманных её самой мифах. А так как руководство «страны советов» видело её как осаждённую крепость, шпионские страсти превратились в одну из любимых забав российской власти и в важнейший компонент её политики. Период наибольшей активности в этом направлении сменился относительным затишьем после смерти Сталина в 1953 году. И отнюдь не случайно руководители политической полиции страны (например, Дзержинский, Ежов, Берия, Андропов) входили в её высшее руководство[5]. Но спецслужбы оставались *при власти*, даже когда они были *во власти*.

---

4   Vladimir Boukovsky. *...Et le vent teprend ses tours. Ma vie de dissident.* Paris: édition Robert Laffont, 1978. P. 236.

5   Говоря о высшем руководстве СССР необходимо иметь в виду его крайне сложную иерархию, в которой статус определялся не только занимаемой должностью, но и членством в «выборных центральных органах партии» (Центральный комитет, Центральная ревизионная комиссия); высшее звено совет-

А. Н. Яковлев считал, что в СССР сложилась особая форма правления – двоевластие партии и карательных органов[6]. «Советское государство ни дня не могло просуществовать без карательных служб, – писал он. – Такова его природа. А коль так, то партии постоянно приходилось делиться властью с политической полицией»[7]. Думается, несмотря на всю свою мудрость и весь свой опыт, Яковлев недооценил могущество спецслужб. Действительно, сотрудники карательных органов обязаны были быть членами ВКП(б)-КПСС, но спецслужбы не контролировались «партией»; наоборот, она сама контролировалась спецслужбами на всех уровнях – от принятия решений практически по всем вопросам до прослушивания телефонных и иных разговоров ответственных работников и руководителей страны, других форм слежки за ними.

Созданный Лениным-Сталиным-Брежневым монстр обладал невероятным могуществом. В его функции входили политический сыск, разведка (за исключением военной разведки, которой занималось Главное разведывательное управления Генерального штаба), контрразведка, охрана «государственной тайны» и соблюдение режима секретности, обеспечение правительственной связи, обеспечение безопасности руководства страны, охрана государственной границы.

Все решения, так или иначе затрагивавшие вопросы государственной безопасности, принимались с участием КГБ. А система была построена таким образом, что практически любой вопрос имел к ней отношение, в частности, через режим секретности – ведь в советские времена было засекречено практически всё.

Соответственно, КГБ – гласно или негласно – присутствовал везде. В каждом учреждении и на многих предприятиях были «первые отделы» – официальные представительства этого ведомства. Но это – капля в море по сравнению с негласной деятельностью КГБ. Так называемым «действующим резервом» – офицерами спецслужб, официально не имеющими ничего общего с органами госбезопасности, было пронизано всё общество. Таким сотрудникам спецслужб в СССР была обеспечена комфортная жизнь: они могли говорить и делать что угодно и как угодно в то время как их собеседники в любой момент рисковали своим буду-

---

ских небожителей составляли члены Политбюро, за ними шли кандидаты в члены Политбюро, затем секретари ЦК. Однако, спецслужбы в этом ряду стоят несколько особняком за счёт их огромной власти.

6   А. Н. Яковлев. *Омут памяти.* С. 11-12.

7   Там же. С. 358.

щим, свободой и даже жизнью. При этом сотрудникам «органов» был практически обеспечен хороший карьерный рост и прочие блага по их официальному месту работы. Негласными сотрудниками КГБ были, в частности, учёные (в том числе, самые именитые), врачи, журналисты, артисты, государственные служащие, включая весьма высокопоставленных. Помимо этого КГБ создал обширную сеть своих осведомителей, которых всячески поощрял.

Спецслужбы *могли стать властью* дважды: после смерти Сталина, когда на власть мог реально претендовать поспешно расстрелянный Лаврентий Берия и после «избрания» генеральным секретарём ЦК КПСС недавнего шефа КГБ Юрия Андропова. Относительно Андропова существуют две основные версии. Одна из них гласит, что Андропов не был лишён некоего либерализма и оказался достаточно мудрым политиком, чтобы не превратить страну в вотчину политической полиции. Вторая версия диаметрально противоположна. Её сторонники утверждают, что Андропов стремился к установлению диктатуры спецслужб и не успел это сделать, что именно он в свою бытность председателем КГБ небывало со сталинских времён поднял их роль в жизни страны. Более того, Александр Яковлев утверждал, что приход Андропова к власти означал реализацию мечты спецслужб о том, чтобы возглавить страну, и что только быстрая кончина Андропова уберегла страну от новых репрессий.

В пользу обеих этих гипотез приводятся разные аргументы. Очевидно, было бы несколько экстравагантно заподозрить коммунистического лидера возраста и опыта Андропова в «чрезмерном» либерализме. Очевидно также, что именно при Андропове (в основном, когда он возглавлял КГБ) произошли существенное ужесточение режима, чрезмерное возвышение КГБ, усиление борьбы с инакомыслящими и инакомыслием как таковым. Однако, при Андропове – не значит из-за Андропова. Нельзя забывать о том, что в руководстве страны находились самые разные люди и что тот же Андропов мог подвергаться сильному давлению со стороны реакционеров, входящих в высшее руководство страны. Есть основания полагать, что события в Будапеште 1956 года, где будущий шеф КГБ и Генсек в это время был послом, оказали на него сильное влияние. Некоторые приближённые к нему считали, что Андропов сочувствовал венгерскому пути развития страны, который значительно отличался от советского. Другие говорили о венгерском синдроме. Возглавив международный отдел ЦК КПСС и позже, Андропов приблизил к себе немало нестандартно мыслящих по тем временам людей, которых можно охарактеризовать как системных диссидентов: А. Е. Бовина, Ф. М. Бурлацкого, Г. А. Арбатова, А. Г. Ковалёва и других. Именно Андропов вопреки тогдашнему министру иностранных дел А. А. Громыко дал «зелёный свет» «третьей корзине» Заключительного акта СБСЕ. Всё это говорится не для того чтобы обелить этого чуть ли не самого загадочного советского лидера, а с единственной целью избежать упрощения и схематизации и без того запутанной истории страны. Можно предположить, что Андропов в основном соответствовал общей серости советских вождей (хотя и был умнее и несколько образованнее других), исходил из лживых догм «основоположников», не особенно вдумываясь в них, всё-таки в чём-то выбивался из общепринятой в этом кругу «нормы».

В любом случае КГБ – эта власть во власти, а в чём-то и власть над властью – прекрасно себя чувствовал до тех пор, пока в конце 1980-х годов не стали набирать силу либеральные реформы Горбачёва.

Интересна в этой связи следующая информация Юрия Щекочихина, полученная им от неназванного по соображениям безопасности источника. Согласно этой информации, в 1989-1990 годах, то есть в период горбачёвских реформ и существенного обострения внутриполитической борьбы в СССР, начали создаваться инициативные группы «патриотов государственной безопасности» (они также называются «патриотами ГБ», просто «патриотами» или ПГБ), которые сорганизовались в тайные сообщества наподобие секретных военизированных формирований. В основном «патриотами ГБ» были выходцы или действующие сотрудники специальных и военизированных служб России и стран СНГ, считавшие себя истинными патриотами-государственниками. Процесс организационного оформления и ухода в глубокое подполье основных структур ПГБ завершился после путча 1991 года, в котором приняли участие многие «патриоты». Существовавший тогда хаос в системе безопасности позволил им превратиться во влиятельные организации со строгой дисциплиной и чёткой структурой, приспособленные к активной многолетней подпольной деятельности[8].

---

8 Юрий Щекочихин. Однажды я встретился с человеком, который перевозил «золото партии» // С любовью: *Произведения Ю. Щекочихина; воспоминания и очерки о нем.* СПб.: «Инапресс», «Новая газета», 2004. С. 142-143.

Список людей, с которыми источник Щекотихина был знаком по работе в закрытой структуре КГБ и других «патриотов», о которых он знал по роду своей деятельности, весьма интересен: в нём называются Владимир Путин, журналист Евгений Киселев, «олигарх» Потанин, Михаил Маргелов, Алексей Волин, Михаил Лесин, Глеб Павловский, Александр Лебедев, Александр Смоленский. Это – «элита». Помимо этого, ближайший сподвижник Бен Ладена Джума Намангани, члены политсовета ОПОД «Евразия» Владислав Раевский и Петр Суслов, уголовный авторитет Антон Малевский (Измайловский), опознанный по опубликованному фотороботу один из трех подозревавшихся в подготовке взрывов в Рязани сотрудник «Вымпела»[9]. Если допустить, что это соответствует действительности, картинка получается страшноватая: неизвестная секретная организация, даже исходя из этого безусловно далеко не полного списка, захватила командные высоты в политике, экономике, журналистике, банковской системе, в криминальном мире. Это интересно соотносится с приведёнными выше словами Александра Коржакова о том, что страной руководят агенты спецслужб. Кстати, он это любопытно иллюстрирует, правда, на примере не агентов, а руководителя мощной спецслужбы, которым он являлся. Коржаков утверждает (и это утверждение никогда никем не было опровергнуто), что именно он спланировал расстрел Белого дома в 1993 году и непосредственно руководил им; тем временем president Ельцин «отдыхал», а пока шла эта жуткая операция, пировал со своими приближёнными, отмечая победу[10]. Странная получается история: поворотное в жизни страны решение принимает не президент, а шеф его охраны...

Здесь нельзя не вспомнить о путче 19-21 августа 1991 года и о его последствиях. Ибо вопрос о его причинах, механизмах и последствиях по прошествии времени и, особенно, после прихода к власти спецслужб, пожалуй, не менее актуален, чем когда он грянул. Так как результаты путча сказываются все сильнее. Это становится очевидным, если рассмотреть его не непосредственные, а более отдалённые результаты.

Основной парадокс развития России после распада СССР заключается в прекращении процесса демократических реформ, чего, безусловно, добивались заговорщики в августе 1991 года. Этот тезис требует

---

9   Там же. С. 135.
10 Александр Коржаков. *Борис Ельцин: от рассвета до заката*. М.: «Интербук», 1997. С. 166-199.

пояснений. Президент Б. Ельцин добился значительного прогресса в создании демократических институтов российского общества. Прежде всего, речь идет о принятии новой Конституции страны, закрепляющей гражданские и политические права человека, в действиях, направленных на создание парламентаризма в России, о продолжении курса М. С. Горбачева на сотрудничество с западными странами, о приеме России в Совет Европы. Но ключевые шаги в направлении создания демократии в стране были сделаны в период, когда страну возглавлял М. С. Горбачев: введение свободы слова, тогда называемой гласностью, прекращение уголовного и психиатрического преследования инакомыслящих, отмена соответствующих политических и религиозных статей Уголовного кодекса, установление религиозной свободы, прекращение психиатрических репрессий, ликвидация диктата КПСС, создание основ парламентаризма.

Говоря о периоде президентства Б. Ельцина, необходимо подчеркнуть, что на практике заявленные им цели, за исключением экономической реформы, не только не были достигнуты, но власть не предпринимала ровным счётом никаких реальных мер для их реализации. Хорошо известные слабости Б.Ельцина, хотя безусловно и сыграли ярко выраженную негативную роль, не могут служить этому достаточным объяснением, тем более, в свете его стремления остаться в истории в качестве первого демократического президента новой демократической России. Декларированные демократические принципы оказались в противоречии с реальными действиями руководства страны[11].

Здесь уместно вновь обратиться к публикации Щекочихина. По сведениям его источника, члены организации «патриотов» и их ставленники пробились уже в российскую Думу первого созыва и в правительство Черномырдина. Приняли они участие и в событиях октября 1993 года. В 1995 году «патриоты» пришли к власти в нескольких регионах России

---

11   Академик Г. А. Арбатов, в своё время приближённый к Брежневу, Андропову, Горбачёву и Ельцину (это – рекорд политического долгожительства для приближённых к первым лицам России) писал: «Если до сих пор у нас сохраняются в каком-то виде демократические порядки и институты, выборность, гласность, зачатки правового государства, то благодарить за это приходится не «либеральную» экономику, связанную с «шоковой терапией» Гайдара, не президентскую деятельность Ельцина. Это то, что осталось от «горбачёвской эры», что не сумели до конца выполоть и вытоптать его преемники». (Г. А. Арбатов. *Ястребы и голуби холодной войны*. М.: «Алгоритм», «Эксмо», 2009. С. 104).

и добились ухода с политической арены наиболее «одиозных демократов». Например, «патриоты», включая Путина и Черкесова, якобы имели
отношение к травле и отставке Анатолия Собчака, занимавшего пост
мэра Санкт-Петербурга[12]. Согласно источнику Щекотихина, начиная с
1996 года «патриоты» активно вмешиваются в высшую политику. Это
выражается в поддержке клана Коржакова – Барсукова – Сосковца, вхождение в высшую политику генерала Лебедя при одновременном час-
тичном финансировании кандидата в президенты Зюганова. В Думу второго созыва попадают уже десятки «патриотов» и их креатур, многие государственные (особенно силовые) структуры серьезно инфильтруются
«патриотами», а некоторые подразделения переходят под их значитель-
ный контроль – например, СВР, некоторые отделы и управления ФСБ,
МВД, ВПК и ГТК. В 1997-1999 годах «патриоты» активно внедрялись и
продвигались в высших властных эшелонах – это недвусмысленно под-
тверждал пример многочисленных выдвиженцев спецструктур. Одновременно «патриоты» развязали кампанию по дискредитации Ельцина,
«семьи», их основных сторонников и «олигархов»[13].

Пертурбации времён перестройки, развала СССР и его последствий усилили давнишнюю русскую тоску по ломовой руке. И когда власть
покраснела после воцарения в результате дефолта 1998 года в Белом
доме Евгения Примакова, который демонстративно повысил роль спецслужб, населению это понравилось. Думается, *именно назначение Примакова премьер-министром стало критическим моментом в захвате
спецслужбами власти.*

Ещё больше население обрадовалось передаче Ельциным власти
чекисту Путину, обеспечившему сращивание «органов» с высшей государственной властью. Когда спецслужбы и власть впервые в истории
страны, да и мировой истории в целом, стали синонимами.

Такая синонимичность и вызывает вопрос о том, как она возникла:
в результате хитрой многоходовой интриги, или по воле, беспамятству и
недальновидности избирателей, каждый раз голосующих за подполков-
ника КГБ (к тому же, с весьма смутной биографией) и постоянно под-
держивающих его? Возможно ли такое само по себе? Надеюсь, нет.

---

12   Впрочем, в интервью Марины Салье, которое она дала Анастасии Кириленко и
      Юрию Тимофееву «Почему Марина Салье молчала о Путине 10 лет?», опуб-
      ликованном на сайте *Радио Свобода* 02.03.2010, даётся другая трактовка со-
      бытий.
13   Щекочихин. Однажды я встретился с человеком. С. 143.

В результате полного соития высшей государственной власти со спецслужбами антидемократические цели августовского путча были реализованы быстро и эффективно. О зачатках правового государства, демократии, гражданского общества, свободе СМИ с тех пор можно только ностальгировать. Фактическое восстановление в России однопартийной системы, «контртеррористическая операция» в Чечне, бесподобное пренебрежение Конституцией при бесконечных клятвах верности ей, используемые методы политической борьбы могли бы заслужить похвалу одного из наиболее знаменитых предшественников второго президента Российской Федерации – Сталина. Новоязовское словосочетание «вертикаль власти» означает не что иное, как административно-командную систему. Что же касается нового термина «враги России», то он заслуживает аплодисментов того, кто ограничился «врагами народа».

Начало деятельности В. Путина на посту президента России было способно многое сказать любому непредвзятому наблюдателю. Во внешней политике явственно наметился откат в эпоху «холодной войны», о чём речь подробнее пойдёт ниже. Внутриполитическая сфера президентской деятельности В. Путина еще более выразительна. Прежде всего это относится к чеченской войне. В этой связи ещё раз уместно вспомнить, что Путин был избран президентом России в результате серии террористических акций, бездоказательно приписанных чеченцам, и начатой на этом основании «антитеррористической операции» в Чечне.

Всего за год президентства В. Путина в России была ликвидирована свобода слова путем захвата единственной в стране независимой ни от кого, кроме её владельца Владимира Гусинского, телекомпании НТВ и её превращения в полностью подконтрольную государству телекомпанию, а также закрытия печатных изданий группы Медиа-Мост или увольнения их сотрудников.

Возрождение указом В. Путина гимна СССР (хотя и с изменёнными словами) в качестве государственного гимна Российской Федерации вопреки воле значительной части населения страны имеет глубоко символический характер. Сказанное относится и к утверждению советского красного флага в качестве знамени вооруженных сил страны.

Ближайшие сотрудники президента Путина затейливо разделены на небывалое во власти количество людей в погонах (причем, в основном из российских спецслужб) и лиц с весьма сомнительной репутацией внутри страны и за рубежом. Многие ключевые позиции в ней заняли руководители, сотрудники и агенты спецслужб или близкие к ним люди.

Возвращаясь к августовскому путчу, представим себе, что заговорщики в главном добились своих целей. В результате возникает гипотеза, которая заключается в том, что в период перестройки КГБ провёл в СССР крупнейшую специальную операцию, в которой августовский путч 1991 года является лишь видимой частью айсберга. Предположим, что КГБ внедрил свою агентуру в окружение Б. Ельцина, в парламент, на руководящие посты в правительственные учреждения, в среду реформаторов, в средства массовой информации, в русскую православную церковь. Предположим также, что развитие событий, развязанных КГБ, вышли из-под его контроля: неожиданной оказалась реакция на путч М. С. Горбачёва, не удалось взять под контроль Ельцина. Иначе говоря, заговорщики в чём-то просчитались. В результате происходят непредвиденные ими события.

Но созданная инфраструктура влияния осталась и мощно воздействовала на президента Ельцина, которому отчасти удавалось этому влиянию (а оказывалось оно со всех сторон – и ближайшим окружением, и правительством, и парламентом, и средствами массовой информации) противостоять. Всё-таки реакционеры, пользуясь плохим состоянием физического и ментального здоровья президента, на которые, видимо, и был сделан расчет, смогли добиться отката внешней политики, недопущения развития реформ, а также небывалого даже в сталинские времена повышения могущества спецслужб. Такое положение дел их в определенной мере устраивало. Но шансов на сохранение Б. Ельциным власти не оставалось, и преемники и наследники КГБ проводят блестящую операцию по продвижению на пост президента России своего ставленника.

Разумеется, это только предположение. Но, как представляется, весьма правдоподобное. Тем более что эта гипотеза объясняет многое из происшедшего в России с дней августовского путча 1991 года.

Разумеется, эта версия выглядит несколько фантастической. Один из наиболее авторитетных и опытных офицеров спецслужб говорил мне: «Не переоценивайте эту публику, всех, кто готовил путч, я прекрасно знаю». Звучит убедительно, особенно с учётом того, сколько знает этот мой знакомый генерал. Но причём здесь оценка? Ведь есть действительность, которая состоит в чудовищной пронизанности всех социально значимых областей российской жизни агентурой спецслужб – министры, депутаты, журналисты, политологи и прочие, и прочие.

Но, возможно, всё было проще. Почему не предположить, что созданный Лениным-Сталиным-Брежневым монстр – ЦК ГБ – просто делал свою повседневную работу: вербовал, внедрял своих офицеров и агентов повсюду, где можно[14]. И хорошо сработал, их количество достигло критической массы, в результате чего *власть сама свалилась спецслужбам в руки. Тогда происшедшее закономерно* – и с последствиями августовского путча, и с последующим укреплением власти спецслужб, и, даже, с приходом к власти Путина.

В сущности, я категорически не приемлю всякие «теории заговоров». Но в данном случае я бы предпочёл узнать, что была хитрая многоходовка спецслужб, чем удостовериться в некоей детерминированности, естественности происшедшего. Ведь это означало бы практически неизлечимую без сложнейшей хирургической операции по удалению спецслужбистских метастаз с последующей сложнейшей терапией болезнь общества.

Но, даже если допущение о неких далеко рассчитанных на будущее кознях КГБ и неверно, в результате путча 1991 года, в 2000 году именно КГБ, как бы он ни назывался, оказался у власти. Эта констатация имеет ключевое значение, так как многое расставляет по своим местам. Например, Путин предстаёт в качестве простой функции деятельности пользующихся печальной известностью российско-советских спецслужб. Слетает флёр либерализма с Медведева. Становятся ясными, более того – прогнозируемыми – формы, методы и цели российской политики вовне и внутри страны. Снимаются многие неясности относительно известных в стране и за рубежом лиц, якобы имеющих либеральные убеждения, а в действительности сотрудничающих с чекистским режимом. И, возможно, главное следствие революции чекистов заключается в том, что, придя к власти, спецслужбы никогда её добровольно не отдадут.

В результате революции чекистов и первых лет их правления в России установилась новая опричнина. «Если бы сатана хотел выдумать что-нибудь для порчи человеческой, то и тот не мог бы выдумать ничего удачнее», писал выдающийся русский историк Н. И. Костомаров

---

14   В этой связи уместно ещё раз вспомнить слова Александра Коржакова о том, что Россией управляют агенты КГБ.

об учреждённой Иваном Грозным опричнине, которую он характеризовал как чудовищное орудие деморализации русского народа, с которым едва ли что-нибудь другое в его истории могло сравниться. Именно опричнина и тайная канцелярия Петра Первого были взяты за образец при создании Лениным и Дзержинским политического сыска, доведённого Сталиным до возможного по тем временам уровня совершенства[15]. В этой связи В. Д. Тополянский отмечает, что «абсолютная деморализация навеки устрашённых масс верноподданных чрезвычайно полезна для искоренения бесчисленных «заговоров боярства» и стабилизации тщательно сооружённой вертикали власти».[16]

С чего всё началось? Прогневался царь Иван Васильевич Грозный на окружающую его действительность, удалился на богомолье и там проклял всех, кого вспомнил, начав, естественно, с бояр, священнослужителей, служащих, называвшихся тогда приказными людьми. Испугались люди проклятия и умоляли царя вернуться. Ненадолго отрёкся он и не забыл вернуться на царство для расправы с неугодными, дабы вольно было ему казнить изменников, налагать на них опалу, лишать имущества без докуки и печалований со стороны духовенства. Вот и создал он для реализации этих целей опричнину (фактически просуществовала примерно с 1565 года до смерти Ивана Грозного в 1572 году), которая представляла собой систему государственного террора и чрезвычайных мер, в частности, направленную на перераспределение собственности. В результате страна разорилась, самодержавие укрепилось. Не напоминает ли это порядки, установленные Лениным и его приемником, и, в частности, знаменитую ленинскую «экспроприацию экспроприаторов? Не потому ли Иван Грозный стал одним из немногих почитаемых большевиками царём?

Большевистская опричнина ослабела, но не прекратила своё существование после смерти Сталина в 1953 году. Именно её, только переименованную в «развитой социализм», демонтировала перестройка. И именно она в 2000 году взяла реванш. Поэтому сразу после прихода Путина к власти из Москвы повеяло ледяной затхлостью. Отчасти это обусловливалось его мировоззрением и принадлежностью к секретным службам, отчасти – предопределено предшествующим периодом. При-

---

15   См.: В. Д. Тополянский. *Сквозняк из прошлого*. М.: «Права человека», 2009. С. 535.
16   Там же. С. 536.

оритеты политики нового российского президента можно кратко сформулировать следующим образом: государство – это всё, человек – ничто. Причём Путин явно исходит из того, что государство – это я. Впрочем, предпосылки такой политики появились много раньше.

Здесь уместно сделать следующую оговорку. Уже Ленин стремился к мировой революции, то есть к тому, чтобы сделать опричнину всемирной, распространив «диктатуру пролетариата» на другие страны, в чём, к счастью, не преуспел. Сталин добился в этом плане большего – порабощения Восточной Европы в результате Второй мировой войны.

К сожалению, лишь единицы заметили симптомы возврата России к политике реваншизма и реакции ещё во времена президентства Бориса Ельцина; им не поверили – слишком сильно это дисгармонировало с имиджем президента и его окружения, вступало в полное противоречие с ожиданиями как Запада, так и российской общественности. Однако реваншистским устремлениям «ястребов» во власти во времена президентства Ельцина не дано было сбыться по двум основным причинам. Во-первых, им не давал развернуться сам Ельцин, претендовавший на роль первого *демократического* президента России. Во-вторых (и это главное), развал экономики и военной организации страны объективно делал невозможным возвращение к прошлому. «Дырявая» государственная граница, небоеспособные армия, авиация и военно-морской флот наряду с отсутствием финансовых средств на латание дыр и бездарным военно-политическим руководством страной объективно исключали серьёзные авантюры. Не вдаваясь в подробности, можно со всей уверенностью констатировать, что безопасность страны и её граждан находилась в катастрофическом положении во всех областях – в военной, экономической, социальной... Нация тяжело болела. На зарплаты и, тем более, пенсии было невозможно прожить, медицина и система образования разваливались, дышать воздухом больших городов, пить воду было опасно для здоровья в прямом смысле этого слова. Перечень российских бед можно продолжать и продолжать. Но не это тревожило «ястребов». Главными предметами их забот были и остаются «геополитическое» положение страны, её военный потенциал, возможность диктовать свою волю другим.

Массовому сознанию трудно было принять и тот факт, что Борис Ельцин передал из рук в руки власть спецслужбам в лице Владимира Путина. Поэтому была взращена, а потом доминировала легенда о его демократизме (здесь ему на руку сыграла совместная работа с Анатолием Собчаком); по душе многим пришёлся имидж энергичного молодого дзюдоиста.

Путин оказался крайне удачливым правителем: хотя он ничего не сделал для российской экономики, при нём, благодаря высоким ценам на нефть и газ, на страну буквально обрушился ливень денег за экспортируемые энергоресурсы. Это позволило Москве вернуться к поигрыванию мускулами, причём не только энергетическими. Россия вступила на путь ремилитаризации – этого неминуемого предвестника реваншизма. В своей деятельности новые опричники явно используют боевой клич своих предшественников: слово и дело.

Слово

Россияне падки на лжепророков и лжепророчества. Наверное потому, что лжепророки не стесняются ни в словах ни в делах, которые беззастенчиво маскируют опять-таки словами. А слова в России издавна играют ни с чем не сопоставимую роль. Недаром слова российские правители боялись не меньше, чем дела еще со времен Ивана Грозного. Но главная функция слова в российской политике – гипноз, превратившийся после большевистского переворота в основу политики страны. Именно для его эффективности философия, литература, наука, искусство были превращены в важнейшую сферу государственного регулирования, а в стране был установлен порядок, который М. А. Бердяев назвал «диктатурой миросозерцания»[17]. Он писал, что «учение, обосновывающее тоталитарную доктрину, охватывающую всю полноту жизни – не только политику и экономику, но и мысль, и сознание, и все творчество культуры – может быть лишь предметом веры»[18]. Воцарилась Большая Ложь. По сути горбачёвская реформация была ни чем иным как ликвидацией этой диктатуры и этой лжи, на страже которых стояли ЦК ГБ, прокуратура, секретность, цензура, карательная психиатрия.

После суверенизации России традиция Большой Лжи вернулась в политику как полноправная хозяйка. Вскоре вернулся и гипноз собствен-

---

17   Н.А. Бердяев. *Истоки и смысл русского коммунизма*. М.: Наука, 1990. С. 99.
18   Там же. С. 100.

ного населения. Для того, чтобы он работал эффективно, надо, во-первых, скрыть действительное положение дел в стране и, во-вторых, создать искажённое, выгодное власти, представление о ней.

Идеологическое государство

Когда говорят и пишут о Советском Союзе, зачастую ограничиваются констатацией, что это было тоталитарное коммунистическое государство. При этом, как правило, упускается из вида такая немаловажная деталь, что СССР был государством идеологическим, причём именно идеология была его несущей конструкцией. Эта констатация имеет ключевое значение в связи с тем, что при Путине Россия, как в коммунистический период, вновь вернулась к идеологическому начётничеству. Здесь необходимо пояснить, что Горбачёв в 1985 году возглавил и пытался реформировать страну, уникальную не только своими размерами, народонаселением, военным потенциалом и иными объективными данными, но и тем, что СССР был единственным в мире якобы светским идеологическим государством, вся деятельность которого основывалась на догмах, сформулированных Марксом, Энгельсом и Лениным в интерпретации Сталина.

Как уже говорилось выше, вся внешняя и внутренняя политика России традиционно основывается на мифотворчестве. Отчасти эти мифы возникают как защитный рефлекс от тех или иных проявлений реальности, отчасти – из протеста против неё, отчасти – от её и истории незнания и непонимания. Можно назвать и другие естественные для российского населения причины, включая исторические особенности страны, любовно взращиваемый властями дефицит политической культуры и т.д. Однако, в контексте рассматриваемой здесь темы, наибольший интерес представляют мифы, придумываемые и распространяемые властями, а также инструменты для придания им эффективности.

Секретность

Начиная с ленинских времён, политика, изначально основанная на преступлениях и лжи собственному населению и всему миру, нуждалась в надёжной защите, дабы скрыть правду о преступлениях, а ложь (хотя бы внутри страны) сошла бы за правду. Этой цели служила секретность, которая была и остаётся важнейшим неотъемлемым компонентом российской политической «культуры» и неотъемлемым атрибутом игрищ власти вокруг всякого рода «врагов народа» при Ленине-Сталине и «врагов России» при Путине-Медведеве, «неуклонного повышения благосостояния советского народа» при застое. Таким образом, секретность выступает в качестве важнейшего неотъемлемого элемента идеологического государства, активно использующего гипноз собственного населения и зарубежного общественного мнения.

Существовавшая в Советском Союзе практика закрытия сведений по широкому кругу вопросов, являла собой воплощение самой смелой бюрократической мечты. А именно: твори, что хочешь, и никто об этом не узнает. Министерства, ведомства, Главлит изощрялись, как могли. Это давало возможность доказать собственную значимость, раздуть штаты, поприжать неугодных. Но все это – капля в море по сравнению с тем, что происходило в редакциях и издательствах, практически являющихся безраздельными хозяевами представленных к публикации материалов. Суть проблемы здесь состояла в том, что редактор нёс ответственность за опубликованный материал наравне с автором. Наряду с широкими полномочиями редакторов это вело к их перестраховке и произволу.

В той или иной мере засекречено было практически всё. Зарубежная периодика и научная литература (политологическая, социологическая, психологическая, философская и т.д.) хранилась в «спецхранах» библиотек, куда нужны были специальные «допуски». Там же тосковала отечественная «немарксистская» философская мысль. Такой штрих: будучи на научной работе я мог читать любую литературу по международным отношениям. Но, например, Бердяева мне никто не дал бы. Чудовищная ситуация возникла после чернобыльской трагедии: сам факт объявления о ней, если следовать букве и духу закона, должен был повлечь за собой уголовную ответственность – месторасположения атомных электростанций было засекречено. Секретностью, в частности, покрывалось несоблюдение СССР международного права, нищета населения страны и т. д. Другими словами, засекречено было практически всё.

В период горбачёвской перестройки, когда, благодаря Шеварднадзе и моим непосредственным начальникам, в МИДе не было табуированных тем, а неоправданная засекреченность всего, что можно и что нельзя, вызывала бесконечные проблемы, мне удалось инициировать работу по пересмотру и смягчению режима секретности. Начал я с того, что взял в секретной канцелярии перечень вопросов, составляющих государственную тайну. Разумеется, как и все мои коллеги, имеющие «допуск», я ежегодно расписывался в специальном бланке за то, что я с ним ознакомлен, но впервые всерьёз взялся за его изучение. Чего только не было перечислено в этой весьма увесистой брошюре! Справка, сопровождающая докладную записку министру, получилась настолько выразительной, что была создана сначала внутримидовская, а затем и межведомственная рабочая группа. В результате пресловутый перечень основательно похудел, были установлены сроки, на которые могли засекречиваться сведения и (в совокупности с работой по другим направлениям, включая разработку закона о выезде-въезде), возможность ограничения на выезд из СССР должны были предусматриваться в трудовом договоре, пересмотрены другие параметры режима секретности.

Секретность имеет несколько основных функций. Главная из них – возможность манипулировать информацией. Например, скрывать творимые безобразия. Этой задаче в основном и служил пресловутый перечень. Например, к секретным относились сведения о ширине ячеек в рыболовецких сетях, если они предназначались для отлова мальков.

Но были и есть вопросы политически значимые, стратегические. И основное тут – оболванивание населения в любом угодном власти направлении. Засекречено, значит, никто об этом не знает, а значит и не существует. В скобках отметим, что было закрыто практически всё, касающееся жизни за границами СССР, даже цены в магазинах, зарплаты, уровень жизни... Впрочем, в этой ипостаси секретность эффективна лишь до определённого предела, после которого вступает в силу цензура – официальная, как в дореформенном СССР, или нет, как это было после прихода к власти Путина.

О цензуре, на мой взгляд, наиболее точно и ёмко написал загадочно погибший (властью не были опровергнутые подозрения о том, что он стал жертвой политического убийства) блистательный и бесстрашный журналист Юрий Щекочихин. Приведу его размышления по этому поводу целиком. Тем более что кто-кто, а он о цензуре понимал многое. Очень многое. Итак, обратимся к его изданной посмертно книге.

«Цензура – это не цензоры, это то состояние общества, в котором оно вынуждено, а иногда и желает находиться.

Когда Михаил Горбачев подарил стране гласность, как корову – крестьянину (который к этому времени уже начал забывать, как же эта корова выглядит и есть ли у нее рога), то сначала все ошалели от счастья, потом перестали понимать: почему же, кроме счастья говорить все что хочешь, читать все что хочешь и, кто умеет, все что хочешь писать, – другого-то счастья как бы и не прибавилось?

Потом, естественно, разочаровались сначала в Горбачеве с его гласностью, а следом в Ельцине с его демократией, посчитав и то, и другое каким-то беспределом, только в разных его вариантах. И стали шарахаться от этого беспредела, а потом – «чур меня от ваших бесконечных убийств, войн и катастроф»; потом испугались: а вдруг все, что ты говоришь, пишешь и даже думаешь, – опасно: может, *они* уже придумали какие-нибудь специальные устройства, чтобы читать твои мысли?.. – и, испугавшись, захотели окунуться в блаженное забытье; и, наконец устав от всего происходящего, разуверившись в самих себе, начали искать человека, который будет заменять собственное безверие, на которого можно будет свалить и собственное отчаяние, и боль, и неясность будущего, и смутные надежды, так присущие нам всем на протяжении стольких уже десятилетий, на того, одного, единственного, который скажет: «Я знаю, как надо»… Цензура – это прежде всего потребность самого общества на том или ином этапе его развития, один из способов самозащиты от окружающей жизни, чем и пользуется власть, поощряя этот инстинкт и поддерживая его созданием специальных государственных институтов».[19]

Казалось бы, какое отношение секретность может иметь к религии? Оказывается, самое непосредственное. В советские времена количество верующих в целом и приверженцев каждой из религий было засекречено, чтобы все думали, что «религиозный дурман» полностью выветрился из страны, а под его действием остались лишь отдельные старушки. Потом ситуация изменилась: в одночасье выяснилось, что чуть не всё население страны исповедует разные религии, но больше всего, конечно, православных; когда срочно потребовался очередной внутренний враг, оказалось, что на втором месте по численности идут мусульмане. Тут мне представилась прекрасная возможность в рамках своих служебных обязанностей удовлетворить мой давний интерес относительно подсчёта количества приверженцев той или иной религии. На свой вопрос я получил ответ, что считают *по этнической принадлежности*.

---

19   Щекочихин. Однажды я стал депутатом. С. 39.

В данном контексте нельзя не отметить, что в досоветские времена православие, которое тогда было государственной религией, служило чуть ли не главным инструментом государственного гипноза. При «социализме» Библию сделали запрещённой книгой (за её хранение могла наступить уголовная ответственность), само же православие место государственной религии уступило религии коммунистической, однако было терпимо властью, в частности, так как оно было удобно и легко контролируемо из-за перенасыщенности в среде церковников сотрудниками КГБ. Удобство, контролируемость и агентура КГБ никуда не исчезли после кончины СССР, когда православие вновь (хотя и неформально, вопреки Конституции страны) стала de facto государственной религией и важным инструментом гипноза населения. Разумеется, многие стороны деятельности такой религии сугубо засекречены.

Возвращаясь к секретности как к таковой, надо отметить, что на уровне повседневно-бюрократической работы секретность придаёт особый вес любому, пусть самому незначительному вопросу. Могу засвидетельствовать, что львиную долю объёма шифрованной телеграфной переписки между Москвой и дипломатическими загранпредставительствами составляют совершенно открытые сведения: сообщения, что прилетит тот или иной командированный, изложение статей, опубликованных в прессе и прочая чепуха, которую вполне можно переслать по факсу. Но факс могут и не прочитать, изложение статьи мало кому интересно, а здесь могучая аура секретности... Шифровальщики очень удивлялись и перепроверялись, когда видели на многих моих телеграммах гриф «несекретно».

Важнейшая функция секретности заключается в том, что она позволяет контролировать «носителей государственной тайны», которые прекрасно знают, что допуск (пусть формальный) к ней автоматически подразумевает возможность слежки со стороны спецслужб. На собственном примере могу это проиллюстрировать следующим образом. Когда я получил повышение в должности на научной работе в Дипломатической академии, меня вызвали в спец. отдел, чтобы ознакомить с какой-то не представлявшей для меня никакого интереса шифртелеграммой. Цель была простой: меня можно было считать носителем государственной тайны с того момента, как я расписался в том, что был с ней ознакомлен. С этого момента КГБ имел формальные основания для того, чтобы подслушивать мои телефонные разговоры и всеми иными способами быть в курсе моей жизни.

Другой случай. Пишу что-то на своём рабочем месте в аппарате Совета безопасности. Без стука распахивается дверь и решительным шагом и с ещё более решительным и заранее сурово-мрачным лицом входит главный Совбезовский секретчик; за его спиной маячит пара-тройка его подчинённых: проверка режима. И, разумеется, скандал: не выполняете! нарушаете! да вы знаете, что вам за это будет! А дело было вот в чём. Активно работающий человек был просто не в состоянии выполнить предъявляемые требования. Сотрудники были обязаны, получив каждый секретный документ, записать его номер, название и краткое содержание в специальную (тоже, разумеется, секретную) тетрадь; при передаче кому-либо документа, надо было сделать соответствующую запись и получить подпись получателя. А таких документов были горы и «летали» они между нами, сотрудниками, неподконтрольно спецчасти. Видимо, я кому-то настолько крепко «насолил», что меня решили покарать эффективно и безотказно: ведь скрупулёзно записывали в свои тетрадки получаемые бумаги лишь бездельники, которым нечем больше было заняться. Впрочем, мои «доброжелатели» просчитались: у меня был достаточно высокий рейтинг.

Доступ любого сотрудника к государственной тайне означает возможность отказа «компетентных органов» на его выезд из страны: запрос на выдачу загранпаспорта посылается «на согласование» в спецслужбы. Самое парадоксальное заключается в том, что действующие «носители государственной тайны» его зачастую получают, а отставникам, информация которых давно устарела, в праве на выезд даже в туристическую поездку часто отказывают.

Суммируя, можно сказать, что любой человек, имеющий допуск к сведениям, составляющим государственную тайну, находится в предельно уязвимом положении.

Разумеется, процедура и механизм допуска к секретным материалам весьма громоздки. Однако формально одинаковый допуск к секретности в разных ведомствах зачастую означает совершенно разные вещи. С этим бывают забавные казусы. Например, когда начинают достаточно широко ходить бумаги с грифом «для служебного пользования», который в «нормальных» министерствах означает не более чем необходимость аккуратно обращаться с данным документом, а в организациях с более высоким статусом этот гриф ставится на действительно секретные бумаги для упрощения их оформления и работы с ними – документы с грифом «для служебного пользования» не надо регистрировать в специальной канцелярии, нумеровать все экземпляры, потом их уничтожать по акту.

Любопытно, что секретность крепко укоренилась даже в «кремлёвской» медицине, обслуживающей советских, а теперь российских высокопоставленных функционеров. В Первой поликлинике, в которой обслуживается «второй эшелон» руководящего состава, истории болезни не даются в руки пациентам никогда и ни при каких обстоятельствах. Более того, по принятым в России правилам, листы истории болезни должны быть сшиты во избежание фальсификаций. В этой поликлинике пошли по иному пути – истории болезни представляют собой скоросшиватели, из которых в любой момент можно изъять любую запись или подменить её другой. О том, что были засекречены многие истории болезни в печально известном институте им. Сербского, который сервильно признавал психически больными и подлежащими принудительному лечению советских инакомыслящих, говорить вовсе не приходится.

И, конечно, секретность косвенно сыграла гигантскую роль в формировании массового сознания во времена Сталина. Общество «сплачивалось», узнавая, что самые известные и уважаемые люди «в действительности» были «агентами» самых разнообразных разведок, в чём признавались под пытками, а потом подтверждали на показательных судебных процессах.

Тем же целям служил «железный занавес». Даже для поездок в «социалистические» страны отбирались наиболее «надёжные» с точки зрения КГБ люди. Зарубежные радиостанции, вещавшие на Советский Союз, глушились[20]. Даже высокопоставленным дипломатам зарубежная пресса давалась с вырезанными статьями и фотографиями, на других стояли штампы, называемые «гайками» из-за схожести их формы, означавшие крайнюю чувствительность этой информации. Мне с детства запомнился один такой снимок из журнала «Der Spiegel» аж с двумя «гайками»: на завалинке типичной избы сидит пьяно-весёлая компания че-

---

20   Любопытно, что во времена Брежнева это глушение наиболее эффективно работало именно в районе, где были московские квартиры у него и тогдашнего председателя КГБ Андропова – там услышать что-либо было нереально, хотя совсем поблизости такая возможность уже была.

ловек из пяти – лица испитые, бессмысленные, глаза пустые, многих зубов нет, одеты чудовищно – и что-то поют под гармошку; видны такие же нищие избы, сохнущее на верёвке бельё; и подпись под фотографией: если это рай, то что же ад?

Гипноз

После отсечения «вредной» информации начинался гипноз как таковой. В советские времена он был доведён до совершенства и мало кто мог ему противостоять. Начиная с детского сада вбивалось в головы, что СССР – лучшая в мире страна, где заботами партии и правительства живут самые счастливые люди, но вокруг – одни враги. Одним из главных «героев» выставлялся сын крестьянина Павлик Морозов, предавший своего позже расстрелянного отца за то, что тот утаил от большевистских грабителей какие-то крохи зерна для прокорма своей семьи.

Необходимым условием для поступления во многие высшие учебные заведения было членство в комсомоле, который со своей стороны проводил свои сеансы гипноза в виде регулярных и обязательных для посещения комсомольских собраний и «общественной работы». Гуманитарии, прежде всего историки, философы, юристы, журналисты, проходили в своих ВУЗах практически беспрерывный сеанс гипноза, от которого, впрочем, не были избавлены и студенты технических институтов: изучение истории СССР, истории КПСС, «марксистско-ленинской философии» везде были обязательными предметами. Любопытно, что великий пианист Святослав Рихтер так и не получил диплома об окончании Московской консерватории, так как не сдал выпускной экзамен по научному коммунизму. Не будем при этом забывать, что студенты – комсомольские активисты, а тем более, члены КПСС[21], пользовались особыми привилегиями при сдаче экзаменов и при распределении на работу[22]. Наиболее «хлебными» местами в СССР были должности на комсомольской и, тем более, партийной работе, а также в КГБ, куда обычно имели

---

21   В высшие учебные заведения «спускалась» «разнорядка», сколько студентов они могут принять в члены КПСС за тот или иной период; за эти места среди студентов шла настоящая свара, причём претенденты на эту «честь», равно как начальство, принимающее решение о «достойных», не брезговали никакими средствами.

22   После окончания высшего учебного заведения в СССР каждый студент был обязан два года отработать там, куда его «распределят» – в сущности, не такая большая плата за бесплатное образование, но иногда она выливалась в неприемлемые формы.

шанс попасть только наиболее «идеологически выдержанные» (то есть, полностью поддавшиеся гипнозу) студенты.

Это – воспитание элиты «строителей коммунизма». (В этой связи нельзя не отметить относительность термина «элита» применительно не только к советскому, но и к более позднему периоду российской истории, когда к ней принадлежали воспитанники советских времён).

И на всех без исключения беспрерывно действовала советская пропаганда – телевидение, радио, газеты, журналы. Кстати, отнюдь не случайно ответственным за неё в советские времена всегда был «№ 2» в КПСС, а, следовательно, и в стране. Пропагандистский механизм был прост и чёток. Роль ориентира для всей прессы страны играли публикации газеты «Правда», отражавшей «генеральную линию партии». Вторым ориентиром служила телевизионная новостная программа «Время». Более «фундаментальные» вопросы входили в сферу ответственности журнала «Коммунист». Возможность изменения трактовки, содержавшейся в их публикациях и сообщениях, для других средств массовой информации практически сводилась к нулю.

За «идеологической чистотой советского общества» неустанно следил дуэт из ЦК КПСС и КГБ СССР, причём в советские времена существовала подлинная вертикаль власти: этот дуэт присутствовал практически повсеместно на всей территории страны, в виде первичных партийных организаций даже в самых глухих и малонаселенных деревушках.

Бесконечные повторения с утра до ночи одного и того же на протяжении лет, десятилетий, всей человеческой жизни в условиях отсутствия иной информации заставляли в это искренне верить вопреки очевидности подавляющее большинство населения страны.

При горбачёвской реформации гипноз сначала ослаб, потом прекратился вовсе. Но населению стало трудно без него обходиться – оно к нему привыкло как завзятый наркоман. Поэтому возрождение гипноза Путиным, как ни грустно, было объективно востребовано. Зачатки его возобновления появились уже при Ельцине. Вкратце эволюция составляющих гипноза выглядела следующим образом.

В последний период существования СССР секретность была введена в относительно нормальные рамки. В первые постсоветские годы она находилась в сомнительном (включая многочисленные утечки действительно чувствительной, не предназначенной для чужих глаз информации) состоянии, позже возродилась с новой силой. Были даже вновь закрыты открытые после распада СССР архивы.

Вместо цензуры, существовавшей в советские времена и упразднённой перестройкой, в ход пошли звонки «сверху», запугивания и убийства журналистов, ликвидация или передача другим владельцам средств массовой информации.

Много чего происходило со свободой слова в ельцинские времена. Включая жесткий контроль со стороны российских властей журналистских сообщений о конфликте в Чечне. Включая слежку за находящимися в Ингушетии зарубежными журналистами, угрозы некоторым из них отменить журналистской аккредитации, если они попытаются проникнуть в Чечню. (Другие представители зарубежных СМИ, которым удалось неофициально пробраться в Чечню, были задержаны российскими властями и позднее высланы из зоны военных действий). Включая убийства журналистов, «гусиную охоту», как назвал Коржаков травлю Владимира Гусинского и принадлежащих ему СМИ.

История взлёта и ликвидации группы «Мост» и телекомпании НТВ наиболее характерна для происходившего в этой области. Именно их глава Владимир Гусинский вместе с ближайшим сподвижником Игорем Малашенко, с которым я познакомился, работая у Горбачёва, широко используя принадлежавшую Гусинскому телекомпанию НТВ, в немалой степени содействовали победе Ельцина на президентских выборах, после чего и произошло возвышение НТВ. Вместе с тем, НТВ резко выступало против войны в Чечне и ряда лиц из ближайшего окружения Ельцина, включая всесильного в то время начальника его охраны Александра Коржакова.

Окончательный разгром «Моста» и «НТВ» произошёл после того, как они выступили в поддержку избирательного блока, возглавлявшегося тандемом из бывшего премьер-министра Евгения Примакова и мэра Москвы Юрия Лужкова (оба могли иметь реальные шансы на победу на президентских выборах 2000 года и на парламентских выборах 1999 года) против партии, провозгласившей своей избирательной платформой безусловную поддержку Владимира Путина. В этой связи напрашиваются два комментария. Во-первых, в той ситуации надо было выбирать меньшее из двух зол, а злобноватый бесцветный профессиональный чекист, безусловно, был наибольшим злом даже по сравнению с красноватым тандемом его соперников. И, главное, во-вторых, любому непредвзятому наблюдателю было ясно, что разгром НТВ и «Моста» не мог не стать первым шагом в удушении свободы слова в России, что вскоре и произошло.

Дополнительную омерзительность операции по разгрому «Медиа-Моста» придало то, что стало известно о непосредственном участии в нём министра печати Михаила Лесина, в частности, подписавшего документ о том, что сделка по продаже «Медиа-Моста» совершается в обмен на свободу и безопасность Владимира Гусинского и его партнеров, среди которых были руководители средств массовой информации «Медиа-Моста» Евгений Киселев, Алексей Венедиктов, Михаил Бергер, Сергей Пархоменко и другие.

По свидетельству Игоря Малашенко, в ходе переговоров об этой сделке Лесин неоднократно связывался с Генеральным прокурором России Владимиром Устиновым, согласовывая с ним детали: как, по какой статье, в какие сроки и т.д. будет прекращено уголовное дело в отношении Владимира Гусинского. Более того, Лесин ставил вопрос о получении им комиссионных от этой сделки, в размере 5% от суммы. За эту ставшей достоянием общественности «шалость» он отделался публичной «поркой» от Путина на заседании Кабинета министров, сохранив свой министерский портфель.

Скандал с ликвидацией НТВ показателен, но не уникален. Достаточно вспомнить, что могущественный во времена президентства Ельцина Борис Березовский, который многое сделал для того, чтобы привести к власти В. Путина, вскоре при самом активном участии Кремля был лишён контроля над первым каналом российского телевидения (ОРТ); что «шестая кнопка», куда перешла значительная часть команды с НТВ, летом 2003 года перестала существовать в прежнем виде, что ознаменовало собой окончательный разгром независимого телевидения и других независимых средств массовой информации. В результате новостные и общественно-политические программы превратились, как в советские времена, в апологетику власти. Альтернативная точка зрения перестала освещаться для широкой аудитории. Сохранившиеся неподконтрольные Кремлю СМИ, например, коммунистические, а также либеральные «Новая газета» и радиостанция «Эхо Москвы» имеют настолько немногочисленную аудиторию, что они не в состоянии даже претендовать на конкуренцию с проправительственной информацией.

В 2000 году, ещё до инаугурации Путина, было создано молодёжное прокремлёвское движение «Идущие вместе», которое стало родоначальником таких движений, созданных в 2005 году, как «Наши» и «Молодая гвардия». Это было даже не возрождение безобидного по сравнению с ними комсомола, а создание агрессивного и ненаказуемого путинюгенда. Участие в этих движениях всячески поощряется. Более того, студентов некоторых университетов принуждают к участию в их мероприятиях.

Казалось бы, втягивание молодёжи в политические игрища само по себе крайне аморально. Однако аморальность российской власти пошла намного дальше. Об этом стало известно зимой 2009 года, когда бывший комиссар движения «Наши» Анна Буковская публично призналась в том, что эта прокремлевская молодежная структура создала сеть платных агентов для слежки за оппозицией. Она сообщила, что 10 сентября 2007 года на базе движения «Наши» был запущен секретный проект «Связной президента», целью которого было внедрение своих платных агентов в оппозицию, прежде всего, в «Яблоко», ОГФ, «Оборону» и НБП. Добытая информация якобы шла даже не в движение «Наши», а напрямую в администрацию президента[23].

И ещё один малоизвестный, хотя крайне эффективный элемент гипноза.

В СССР существовал феномен, называемый *«активное мероприятие»* (на профессиональном жаргоне – *«активка»*), который позже был переименован в *«направленное доведение информации»*. Это специфическое и имеющее критически важное значение для понимания происходящего в постсоветской России явление. Оно представляет собой *комплекс совершенно секретных мер, разрабатываемых и реализуемых по поручению высшей государственной власти для достижения конкретных политических целей, причём обязательно с участием спецслужб.* В их реализацию могут быть вовлечены самые разные люди и организации, которые сами могут даже об этом даже не догадываться. (Например, журналисту в рамках «активки» может быть целенаправленно «слита» информация).

Это крайне острое и эффективное средство проведения внешней и внутренней политики используется для достижения наиболее важных и

---

23   Нина Петлянова. Шпионаши // *Новая газета*, № 16 от 16 Февраля 2009 г.

деликатных целей. Тем более острое, что всё, связанное с «активками» держится в глубокой тайне, и соответственно, их разработчики и исполнители могут себя чувствовать в полной безнаказанности.

Создание партий, дискредитация или, наоборот, возвеличивание кого-то или чего-то, создание выгодных власти настроений в обществе – всё это и многое другое может быть результатом этой специфической деятельности. И когда исследователь встречается с выгодными власти труднообъяснимыми с той или иной точки зрения явлениями в России, он закономерно должен задаваться вопросом: а не «активка» ли это?

Разумеется, автор знает об «активках» очень немного, в том числе, от их разработчиков. Но об основных «активках» можно только догадываться. Например, возникает вопрос, не было ли «активкой» убийство в Лондоне Александра Литвиненко: с одной стороны с этим убийством связано слишком много несуразностей (например, что активно «наследили» радиоактивным полонием-210, что подозреваемого убийцу бывшего офицера спецслужб Андрея Лугового избрали депутатом Думы), с другой – очень уж оно выглядело ритуальным, чтобы не задуматься о том, не было ли оно спланировано и осуществлено в качестве акции устрашения противников режима. Особого внимания заслуживает тот факт, что Андрей Луговой был избран от ЛДПР, возглавляемой внешне бесноватым, но вовсе не глупым выходцем из КГБ Владимиром Жириновским.

История создания ЛДПР наглядно иллюстрирует, какими бывают «активки». Согласно свидетельству А. Г. Ковалёва, присутствовавшего при этом, «решение» о создании ЛДПР «было принято» во время перерыва на обед одного из заседаний Политбюро ЦК КПСС. Тогдашний шеф КГБ Владимир Крючков взял слово и выдвинул это предложение. То ли не понявший, о чём идёт речь, то ли растерявшийся М. С. Горбачев, уже поднёсший ко рту ложку с борщом, помедлил, но потом её молча съел[24]. Это стало основанием для того, чтобы было выпущено соответствующее решение Политбюро ЦК КПСС. В результате в

---

24 Сходный рассказ об этом эпизоде есть в книге А. Н. Яковлева: «Я помню, как во время перерыва какого-то очередного собрания мы сели пообедать. Михаил Сергеевич был хмур, молча ел борщ. Вдруг поднялся Крючков и сказал примерно следующее: «Михаил Сергеевич, выполняя ваше поручение, мы начали формировать партию, назовем ее по-современному. Подобрали несколько кандидатур на руководство». Конкретных фамилий Крючков не назвал. Горбачёв промолчал. Он как бы и не слышал, а может быть, и действительно ушел в себя» (Яковлев. *Омут памяти*. С. 382).

СССР была провозглашена многопартийность, а бывший офицер КГБ СССР вскоре прочно обосновался несколько выше подножия политического Олимпа. То, что *такая* партия во главе с *таким* лидером взяла под свою опёку основного подозреваемого в убийстве, говорит о многом.

Убийство Александра Литвиненко приобретает особое звучание в контексте убийства 7 октября 2006 года известной журналистки Анны Политковской. Смысл послания предельно ясен: плохо придётся всем, кто в критике Путина преступит определённую черту...

Ответственная, пусть даже тупая власть всегда относилась к «активкам» весьма осторожно, хотя всё равно допускала невероятные ошибки или давала себя обмануть. Как уже говорилось выше, всё связанное с «активками» сугубо засекречено, и посему недоказуемо. Но, например, могу со всей ответственностью утверждать, что возникновение нацистских и фашистских организаций в СССР стало результатом именно такой деятельности[25].

Необходимо проводить чёткую грань между «активками», как уже говорилось выше, возможными только с одобрения высших руководителей страны, и провокациями спецслужб и других силовых ведомств. Например, к таким провокациям должны быть отнесены события в Тбилиси и Вильнюсе, равно как другие преступления, направленные на то, чтобы остановить реформы Горбачёва. Хотя никто не может гарантировать, что соответствующие распоряжения не отдал, например, Егор Лигачёв, который в то время бы «№ 2» в КПСС и часто оставался «на хозяйстве» во время поездок Горбачёва за границу и его отпусков.

Об этом так подробно говорится из-за того, что ещё во времена правления Ельцина в высших эшелонах российской власти значительно выросло количество людей, принадлежащих к спецслужбам. После прихода к власти Путина люди в погонах стали доминировать повсюду в российской власти, в обществе, в средствах массовой информации, в науке... Поэтому закономерен вопрос: а не является ли вся путинская политика ни чем иным, как «направленным доведением информации»? Другими словами, не произошла ли инверсия целей и средств? Тем более что при Путине возникло чудовищное множество мифов, с которыми

---

25 О том, что Российская коммунистическая партия в советские времена плодила «под наблюдением и с помощью КГБ разного рода националистические и профашистские группировки» пишет и А.Н. Яковлев (Там же. С. 383).

возможно напрямую связан термин «направленное доведение информации».

Здесь вряд ли уместно подробно останавливаться на советских коммунистических догмах, однако те из них, которые начали аукаться, а то и были реанимированы при Путине, заслуживают внимания. Например, постулат о единстве партии и народа, под гнётом которого задыхались советские люди. Разумеется, возврат к нему в чистом виде невозможен, да и не нужен – пропутинская партия «Единая Россия», как в своё время КПСС, буквально оккупировала обе палаты российского парламента, членство в ней является чуть ли ни обязательным условием карьерного роста на государственной службе, её финансируют бизнесмены, так как это позволяет им быть в относительной безопасности от государства. Более того, «Единая Россия» создала свой комсомол – прокремлёвские молодёжные движения. Провозглашение парламентских выборов 2007 года «референдумом доверия Путину» не только превратило их в фарс и показало эффективность лозунга «народ и партия едины», но и окончательно ликвидировало парламентскую демократию в стране, ровно также как было в доперестроечном СССР.

Чтобы создать собственный культ, Сталин обожествил Ленина. Путин пошёл другим путём, инспирировав провозглашение самого себя «национальным лидером». Для того чтобы этот миф был воспринят большинством населения как реальность, потребовалось немало потрудиться. В первую очередь для этого были ликвидированы независимые СМИ, а, став кремлёвскими марионетками, они начали всячески воспевать действующего президента. В свою очередь Путин максимально медиатизировал свою деятельность: даже любую рабочую встречу с любым государственным служащим он превращал в мини спектакль, широко освещаемый телевидением и другими СМИ. Популярностью у значительной части населения пользовались и телешоу, в которых Путин выступал то в комбинезоне военного лётчика в кабине истребителя или стратегического бомбардировщика, запускающего ракету, то в военно-морской форме на капитанском мостике, то в других не менее театральных амплуа.

Восстановление диктатуры миросозерцания в России порой принимает гротескные формы. В феврале 2009 года министр по чрезвычайным ситуациям Сергей Шойгу абсолютно вне рамок своей компетенции заявил о необходимости ввести уголовную ответственность за отрицание победы СССР в Великой Отечественной войне. На первый взгляд эта инициатива абсолютно бессмысленна: победа антигитлеровской коалиции во Второй мировой войне является историческим фактом. Но уже в этой констатации кроется подвох: со сталинских времён роль союзников СССР неизменно принижалась. Размышления относительно трагических итогов войны для населения страны приобретают вовсе уголовно наказуемый характер.

Лакействующая перед исполнительной властью Госдума радостно занялась законопроектом «О противодействии реабилитации на территории независимых государств – бывших республик СССР нацизма, нацистских преступников и их пособников», содержащим поправки в Уголовный кодекс. Законопроект предусматривает, что его нормы будут применяться не только к российским, но и иностранным гражданам. Признанным виновными в реабилитации нацизма грозит от трех до пяти лет лишения свободы, а также штраф в размере от 100 до 500 тысяч рублей.

Более того, в законопроекте предусматривается создание в России специального, как бы общественного, трибунала для отслеживания проявлений пронацистской политики в странах СНГ, который будет выносить заключения в отношении иностранных политиков, партий и общественных организаций, подозреваемых в «ревизионизме». Рекомендательный характер этих заключений весьма относителен: они обязательны для рассмотрения госорганами.

Законопроект предусматривает лишение права на посещение России иностранными гражданами, признанных причастными к реабилитации нацизма. А если им всё-таки удастся туда попасть, то будут судимы по российским законам. Предусматриваются также такие кары для республик бывшего СССР, неправильно, по мнению Москвы, трактующих итоги Второй мировой войны, как высылка послов, полное или частичное блокирование транспортных и информационных коммуникаций, а также разрыв дипотношений и государственные рекомендации предпринимательскому сообществу и общественным организациям о прекращении контактов.

Другими словами, была предпринята очередная попытка приструнить неугодных не только в России, но и за её пределами. Недаром партии «Яблоко» и «Правое дело» в ответ потребовали включить в предложенный законопроект положения о санкциях за реабилитацию идей сталинизма.

В мае 2009 года президент Медведев, озабоченный «правильной трактовкой» истории, в том числе – истории Великой Отечественной войны, создал комиссию «по противодействию попыткам фальсификации истории в ущерб интересам России». Название комиссии весьма выразительно: историю нельзя фальсифицировать исключительно в ущерб интересам России. Тот факт, что она многократно фальсифицировалась на протяжении веков, а в ленинско-сталинские и застойные времена – изначально (включая историю Второй мировой войны), в расчет видимо не принимается. Характерен, хотя и не неожидан, состав комиссии, являющийся калькой с советских идеологических структур: в неё вошли, представители ФСБ, Генштаба, МИДа, СВР, Госдумы, Совета Федерации, министерства образования и науки, министерства культуры, Росархива, Роснауки, и, для приличия, институтов российской и всеобщей истории РАН. Возглавил комиссию руководитель администрации главы государства Сергей Нарышкин, который по первому образованию является инженером-механиком, по второму – экономистом. Вот эта публика под водительством ЦК ГБ и будет определять «историческую истину».

Но и этим дело не ограничилось. Летом 2009 года разразился новый скандал. В распоряжении Радио Свобода оказалось, адресованное руководителям научных учреждений Отделения историко-филологических наук Российской Академии наук скандальное письмо заместителя академика-секретаря Отделения историко-филологических наук РАН, руководителя секции истории ОИФН РАН академика В. А. Тишкова. Из этого письма со всей очевидностью следует, что Бюро Отделения историко-филологических наук РАН приняло протокольное решение «О задачах ОИФН РАН в связи с указом Президента Российской Федерации от 15 мая 2009 г. № 549 О Комиссии при Президенте Российской Федерации по противодействию попыткам фальсификации истории в ущерб интересам России». Примечателен уже сам факт появления такого протокольного решения – «учёные» бросились со всех ног услужить власти. Но и это можно сделать по-разному: можно ограничиться отпиской, а можно лакействовать со всем рвением. Руководство РАН выбрало второй путь. Оно распорядилось предоставить «аннотированный перечень историко-культурных фальсификаций... (с указанием основных источников, лиц или организаций, формирующих или распространяющих фальсификацию; потенциальную опасность данной фальсификации интересам России...). Кроме того, научным институтам предписывается отчитаться за то, как они разоблачают эти концепции и выделить контактное лицо или список научных сотрудников для сотрудничества с комиссией ОИФН РАН[26]. Всё это крайне напоминает методы, которыми громил советскую науку Сталин, систему доносительства, существовавшую в советские времена.

Разумеется, президенту стоило бы задуматься над смыслом подписанного им указа, и, прежде всего, о том, что такое «фальсификации истории». Но, что позволено Юпитеру, не позволено быку: профессиональным историкам не может не быть ясен смысл этого словосочетания, особенно в привязке к «ущербу интересам России».

Разное позволено и людям с разной системой ценностей, разной степенью самоуважения и уважения других. 3 июля 2009 года на заседании Парламентской ассамблеи ОБСЕ в Вильнюсе была принята Резолюция, в которой говорится: «в двадцатом веке европейские страны испытали на себе два мощных тоталитарных режима, нацистский и сталинский, которые несли с собой геноцид, нарушения прав и свобод человека, военные преступления и преступления против человечества». День подписания пакта Молотова-Риббентропа – 23 августа – объявлен международным днем памяти жертв сталинизма и нацизма. (Наверное, это день будет отмечаться многими, в том числе, и честными людьми в России). Практически открыто в адрес российских властей звучит безусловно правильное утверждение, что «знание истории помогает избежать повторения подобных преступлений в будущем, а откровенное и обстоятельное обсуждение истории будет способствовать примирению на основе истины и почтения памяти погибших». Не может вызвать сомнений и адресат призыва продолжать изучение тоталитарного наследия и повышать осведомленность общественности, разрабатывать и совершенствовать учебные пособия, программы и мероприятия, особенно для молодых поколений, о тоталитарной истории, человеческом достоинстве, правах и основных свободах человека, плюрализме, демократии и терпимости, а также поощрять и поддерживать деятельность неправительственных организаций, проводящих исследовательскую и просвети-

---

26   Владимир Тольц. Фальсификации: списки подозреваемых и подозревающих.
http://www.svobodanews.ru/content/article/1766749.html.

тельскую работу о преступлениях тоталитарных режимов. Правительство и парламент России как участника ОБСЕ, должны «полностью избавиться от структур и моделей поведения, нацеленных на то, чтобы приукрасить прошлое, попытаться к нему вернуться или же стремиться продолжить свое существование и в будущем, препятствуя полной демократизации».

Российскую реакцию предсказать было нетрудно: в совместном заявлении руководства Совета Федерации и Госдумы эта Резолюция называется «попыткой сорвать налаживающийся диалог между Россией и Западом». Отметился и МИД, разработав какие-то смутные рекомендации по противодействию. Чему – исторической правде? Ведь ни одного плохого слова ни о стране, ни о её народе в Резолюции нет, есть только осуждение преступного режима, уже осуждённого ещё в советские времена пакта Молотова-Риббентропа.

Всё это заставляет вспомнить тот факт, что нет, наверное, другой страны в мире, где историческая наука подвергалась бы таким длительным и систематическим надругательствам, как в России. Она не только выполняла социальный заказ охраны существовавшего положения дел, но и использовалась всеми, кто мог это сделать, в их личных, узко эгоистических целях. Власть предержащими в политике – для обоснования своих действий (как ни вспомнить самое простое: возвеличивание Сталиным Ивана Грозного); власть предержащими в науке – для непоколебимости своего поста, своего авторитета. Единожды сформулированный постулат становился догмой, т.к. ни одна противоречащая ему точка зрения не могла пройти ни ученый совет, ни редакцию. Монополию на историческую «истину», а вернее псевдоистину, захватил сравнительно узкий, но могущественный в своей области круг идеологов от истории. Культивировались не научный поиск, не объективность, а начетничество, окрашенное только двумя красками – черной и белой. Их смешение, как известно, дает только серое, правда, разной интенсивности. Все это в совокупности со времён горбачёвской перестройки вызывало бурные страсти вокруг истории. Не было у многих иной цели, как прятать истину, превращать ее в ложь. А эта самая правда неутолимо сметает преступления против себя, обернувшиеся в преступления, в том числе кровавые, против людей. Во второй половине 1980-х – 1990-х годах произошло возрождение истории. Той самой, о которой Карамзин писал: «История в некотором смысле есть священная книга народов: главная, необходимая; зерцало их бытия и деятельности; скрижаль откровений и правил; завет предков к потомству; изъяснение настоящего и пример будущего»[27]. Другой российский выдающийся ученый В. О. Ключевский небезосновательно утверждал, что познание истории такая же неустранимая потребность человеческого ума, как изучение природы[28].

Конечно, далеко не случайно, что книги этих и многих других авторов были практически табуированы при Сталине и в период застоя. Тогда история писалась по Т. Лессингу, который считал, что ее написание есть искусство наделения смыслом событий, по самой природе своей смысла не имеющих. (Действительно, историческим смыслом пытались наделить бессмысленность репрессий, торжество бездарности). Как не вспомнить здесь Германа Гессе, которому вся история народов представлялась «не чем иным, как книжкой с картинками, запечатлевшими самую острую и самую слепую потребность человечества – потребность забыть».

Эта потребность забыть истину во имя безнравственности, лжи, фальши, оправдания интеллектуального и политического бессилия с горбачёвских времён была присуща отдельным индивидам и таким их сообществам, как, например, коммунисты. При Путине она возродилась в качестве государственной политики, направленной, как справедливо отметил Юрий Афанасьев, «на то, чтобы облечь свое властвование в квазиюридическую форму, обставить законодательно самовоспроизводство путинизма на основе сохранения неизменности, опираясь, как всегда было свойственно русской власти, на отечественный традиционализм и российскую архаику». А создание комиссии – «лишь эпизод в череде продуманных и последовательных действий путинцев по увековечиванию своего режима. Однако эти продуманные действия остаются угрожающе неосмысленными»[29].

Наглядным примером того, как гипноз действует на практике, стало лето 2010 года, когда Россия подверглась очередной напасти: она горела. Горели леса, деревни, дачные посёлки, огонь уничтожил два военных склада, приближался к ядерным центрам в Сарове и Снежинске.

---

27 Н.М. Карамзин. *История государства Российского*, т. 1. С. IX.
28 В.О. Ключевский. *Сочинения в девяти томах*, т. 1. С. 34.
29 Юрий Афанасьев. Я хотел бы увидеть Россию расколдованной // *Новая газета*, № 55 от 27 мая 2009 г.

По данным Всемирного центра мониторинга пожаров (Global Fire Monitoring Center, Германия), площадь, пройденная пожарами на природных территориях России с начала 2010 года по 13 августа, составила 15 688 855 гектаров (в Московской области – 43 718 гектаров, во Владимирской области – 94 950 гектаров, в Нижегородской области – 300 047 гектаров). Эти данные расходятся с обнародованными сведениями МЧС (26 977 очагов природных пожаров на общей площади 832 215,6 га) примерно в 19 раз[30].

Власти России и её регионов не могли не знать о надвигающейся беде – синоптики предсказывали жаркое засушливое лето. Однако для предотвращения беды ничего сделано не было. Профессиональный чекист Путин, видимо, был слишком увлечён провалом российской шпионской сети в США и даже нашёл время встретиться с засветившимися агентами и спеть с ними популярную советскую песню «С чего начинается родина». Не преминул он появиться на сходке у рокеров и порассуждать о чувстве свободы, которое даёт мотоцикл. Мэр задыхающейся от жары и дыма от горящих лесов и торфяников Москвы, благополучно переждал пожары в отпуске.

Реакция, хотя и неофициальная, на происшедшее была вполне в духе холодной войны: американцы применили климатическое оружие, хотя более трезвомыслящие специалисты говорили о том, что обычной человеческой деятельности вполне достаточно, чтобы спровоцировать подобный катаклизм[31]. Популярная в России желтоватая «Комсомольская правда» со слов бывшего военного синоптика капитана второго ранга в отставке Николая Караева заявила, что нисколько не сомневается, что пожары возникли в результате целенаправленной деятельности расположенной на Аляске в 250 км северо-восточнее Анкориджа станции HAARP, которая якобы является мощным новейшим оружием. В подтверждение этого упоминается о том, что «накануне нынешнего погодного катаклизма в космическое пространство выведен новый американский беспилотный космический корабль X-37B, способный нести

---

30 http://www.forestforum.ru/viewtopic.php?f=9&t=7613&view=unread&sid=8284745e
    4f49dd8ad8ff4c6ef3ce14bc#unread, http://www.fire.uni-freiburg.de/GFMCnew/2010/
    08/13/20100813_ru.htm.

31 Дмитрий Писаренко. Климат превращается в мощное оружие: в чём причина
    жары? // *Аргументы и факты*, №29 от 21 июля 2010 г.

мощное лазерное оружие. Миссия X-37B считается строго засекреченной»[32]. Символичная, вполне гипнотическая публикация...

Правильно говорят, что в каждой шутке есть доля шутки. И когда глава и совладелец компании «Вашъ финансовый попечитель» православный предприниматель Василий Бойко решил положить конец путанице со своей фамилией, многие из носителей которой оказались достаточно видными людьми, и сменил фамилию, став Бойко-Великим, это воспринималось либо как шутка, либо как диагноз. Как их различить? Ответа на этот вопрос пока нет, зато есть требование Бойко-Великого к своим сотрудникам. Оно заключается в следующих пунктах.

«1. Все сотрудники всех предприятий в рабочее и нерабочее время должны пройти в течение предстоящего учебного года учебный курс «Основы Православной Культуры», утвержденный Министерством образования России, как обязательный.

2. Всем сотрудницам, работающим в агрохолдинге «Русское молоко» и других предприятий группы компаний «Вашъ Финансовый Попечитель», в случае беременности сохраняется среднемесячная заработная плата в полном объёме, вплоть до достижения новорожденным ребёнком одного года;

3. Все сотрудники, совершающие или способствующие совершению аборта, подлежат увольнению по сокращению с должности;

4. Все сотрудники, находящиеся в браке, но не венчанные, в случае, если они не обвенчаются до 14 октября 2010 г. – Праздника Покрова Божией Матери, подлежат увольнению в связи с сокращением их должности;

5. Вновь принимаемые сотрудники, если они находятся в браке, но не венчаны, должны обвенчаться в течение испытательного срока (трёх месяцев).

Призываю Вас к усиленной молитве и в доме, и в поле, и в храмах о прощении грехов наших и ниспослании дождей на поля и веси наши и пашни. И ниспослании Благодати Божией в сердца наши.

Призываю молиться об укрощении огня, прекращении пожаров.

Бухгалтерии предприятий прошу организовать сбор пожертвований от сотрудников, желающих оказать помощь пострадавшим от пожаров.

Президент ОАО «Русское Молоко» Василий Бойко-Великий»[33].

---

32 Светлана Кузина. Жара в России – результат испытания климатического оружия в США? // *Комсомольская правда*, 29 июля 2010 г.

Даже, если эта бумага – не более чем шутка, даже она нарушает конституцию России, её международные обязательства, семейный и трудовой кодексы.

Комментируя этот приказ, другой предприниматель, Герман Стерлигов эфире радиостанции «Эхо Москвы» привязал его к пожарам: «Все говорят, пожарники виноваты, губернаторы виноваты в пожаре, в жаре и так далее. Конечно, это по грехам по нашим и, наконец-таки, их, по крайней мере, вектор задан правильный, есть чего хоть обсуждать. А то бред сплошной»[34].

Версии на любой вкус: кому-то придётся по вкусу обвинение в происшедшем американцев, кто-то скажет, что такова воля Божия, что пожары – кара за грехи. Главное же – снять любую ответственность с власти. Гипноз поднялся на новую, даже более высокую, чем при «социализме», ступень.

Муки создания национальной идеи

Немало сил и времени у Кремля и околокремлёвских деятелей разного толка ушло на изобретение идеологии как таковой. Такая идеология, застенчиво, но претенциозно названная «национальной идеей», должна была, по замыслам власти, решить целый комплекс проблем.

В чём же заключается, по мнению кремлёвских и около кремлёвских политтехнологов, сия национальная идея? Другими словами, чем и как гипнотизируют, вгоняя в истерику население страны? Кремль дал ответ на этот вопрос после событий в Беслане. Происшедшее было списано на «слабость» государства, а для недопущения впредь подобных трагедий (причём, намёк на то, что может предстоять нечто намного худшее прозвучал весьма недвусмысленно), Кремль заявил о необходимости усиления власти ради неё самой, отменой прямых выборов губернаторов, созданием очередного демократического муляжа под названием Общественная палата. А ещё, как сказал Путин, надо «*поддержать инициативу граждан по организации добровольных структур в сфере охраны общественного порядка. Они способны не только реально помочь в сборе информации и в выявлении сигналов от населения*

---

33 Василий Бойко-Великий. Для споспешествования покаяния в нашем народе. Обращение к сотрудникам «Русского Молока» и всех компаний, входящих в группу компаний «Вашъ Финансовый Попечитель» http://rusk.ru/st.php?i dar=43371.

34 http://echo.msk.ru/programs/kulshok/703023-echo/.

(курсив мой – А. К.) в связи с возможной подготовкой преступлений, но и могут стать реальным фактором борьбы с преступностью и терроризмом». Назад в прошлое? Конечно. Ведь президент открытым текстом призвал ни много ни мало к возрождению массового стукачества – этой основы основ советского тоталитаризма.

Разумеется, такие высказывания потребовали каких-то разъяснений. «На амбразуру» бросился главный кремлёвский идеолог Владислав Сурков. Согласно тому, что вполне можно назвать его «директивным интервью», главное, что сказал Путин четвёртого и тринадцатого сентября 2004 года – мобилизация нации на борьбу с терроризмом. «Все мы должны осознать – враг у ворот, – вопиёт сей приближённый к президенту страны чиновник. – *Фронт проходит через каждый город, каждую улицу, каждый дом.* (Курсив мой – А.К.) Нам нужны бдительность, солидарность, взаимовыручка, объединение усилий граждан и государства».

Против России какими-то неведомыми «интервентами» ведётся «тайная война». Существует «пятая колонна» из людей, «навсегда потерянных для партнёрства» и в самой России. Хотя, почему неведомыми? Ведь не на пустом месте, а по команде Кремля в России возродилась и расцвела буйным цветом шпиономания, журналистов, критикующих власть, обвиняют в экстремизме...

Но и пояснений Суркова показалось недостаточно. Ясный импульс – национальная идея неразрывно связана с поисками врага – явно многим пришлась по вкусу. Прямо по Жванецкому: большая беда нужна. И началось безудержное возрождение концепции внутреннего врага (читай: «врага народа»). Так или иначе в число «врагов» наряду с террористами попадают либералы, что следует, например, из того же Суркова.

Главный посыл в потугах *сочинить* национальную идею заключается в том, что «Россия есть и должна быть великим государством». Однако это величие почему-то зачастую ассоциируется авторами «идеи» со скопищем голодных рабов, которые зачем-то добровольно отказываются от своих прав и готовы потуже затянуть пояса. Что это – прямая аллюзия к временам казарменного социализма? Ведь сие – не величие, а пародия на него. Или, в лучшем случае, колос на глиняных ногах.

Неотъемлемым условием величия России новоявленным идеологам видится воистину вселенский страх перед Россией. При этом упускается из вида, что такой страх уже был и его итог – экономический крах, а потом и развал СССР – хорошо известен.

Кремлёвские политтехнологи активно разыгрывают религиозную карту. Для них православие – основа основ не только патриотизма, но и государственности. При всех назойливо повторяемых клятвах Путина о его приверженности Конституции, согласно которой Россия – светское, а не православное государство, а религиозные объединения отделены от государства и равны перед законом, свободой (и не только религиозной) в стране пользуется только Московская патриархия. В том числе, свободой гонения на другие религии (и это – отнюдь не преувеличение). Здесь не грех повторить, что огосударствлевание православия началось ещё в советские времена, так как это было удобно: сотрудники КГБ в церковных облачениях демонстрировали всему миру, что в СССР существовала религиозная свобода, что священнослужителей даже выпускали за «железный занавес». Возникает вопрос: Кремлю не нравятся, например, ислам, который исповедует значительная часть населения страны, или, скажем, буддизм? От антипатии к ним Кремля они не перестают быть российскими религиями. И не забывают ли порой и в Кремле, и руководители Московского патриархата, что православие – лишь часть христианства? Что оно само раскололось на несколько конфессий?

Опять-таки, вопреки разработчикам «национальной идеи», Россия многонациональное государство. Такое государство, в котором главным критерием принадлежности к стране является российское гражданство, а не что бы то ни было иное. И отнюдь не одно и то же русская нация и православная вера: сколько русских, причём весьма достойных, не только не православные, а, скажем, старообрядцы, католики (например, многие декабристы) или агностики.

Хотя, если претенденты на авторство «российской национальной идеи» считают себя государственниками, не грех было бы понимать, что для России нет ничего более губительного, чем делить её население на русских и нерусских, на православных и неправославных, по любым другим признакам. Опасно вообще – делить. Это прямой путь к развалу страны, неровен час, через гражданскую войну. Возможно, они полагают, что так будет лучше для России. Но ведь все без исключения разрушители, включая Ленина с Гитлером, считали (или, по крайней мере, декларировали), что они действуют во благо.

Меня потряс такой автор, как Михаил Юрьев. Будучи уверен, что это – псевдоним Владислава Суркова, я написал на его статью[35] ответ, который, увы, был опубликован в весьма усечённом виде. Потом с удивлением узнал, что такой Юрьев действительно есть, в прошлом он был членом «Яблока». А писал, скорее всего, действительно под диктовку Суркова.

Согласно Юрьеву, опять вопреки конституции, «Россия есть и должна быть имперским государством». Чем же г-н Юрьев аргументирует потребность в возрождении российского империализма? Оказывается, империя – это любое государство, у которого есть какой-то смысл существования», причём он основывается не на чём-нибудь, а на заповедях Христа. И получается, что Евангелие – библия империализма?

Оторопь берёт, когда читаешь такое: «Россия есть и должна быть общим государством. Это значит, что всем есть дело до всех остальных… И поэтому интересы свои и права, кроме некоторых базовых, готовы временно принести в жертву интересам общим». Такая прямая аллюзия к казарменному социализму весьма выразительна.

Разумеется, идеетворцы прикрываются разговорами о свободе и демократии. Но, оказывается, права и свободы «далеко не во всём совпадают с конституционными», а права человека во многом сводятся к принципу сугубо личной ответственности.

Символично, что разного толка государственники претендуют не только на то, чтобы быть авторами национальной идеи, причём весьма специфичной, но и на роль высшего судии, лихо записывая при этом во «враги» практически всех, кто с ними не согласен. Да и «не враги» очень сильно смахивают на «почти врагов» или, во всяком случае, граждан второго сорта. В этой связи становится ясно, что для них национальная идея – это поиски внутреннего врага. Их конёк – судорожное нащупывание грани между нормальным плюрализмом мнений и идеями, чуждыми и враждебными стране вполне в духе печально знаменитых статей сталинского и брежневского уголовных кодексов, по которым людей мыслящих иначе, чем предписано, (то есть – «врагов») без малейших колебаний сажали в лагеря или в психушки именно за идеи, которые сочли чуждыми и враждебными. Или за анекдоты.

---

35   Михаил Юрьев. Внутренний враг и национальная идея // *Комсомольская правда*, 06.11.2004 г.

Весьма трогательно и, даже, как-то наивно, Михаил Юрьев проговорился, обосновывая необходимость национальной идеи. Во избежание недоразумения процитируем: «*Нельзя вводить понятие внутреннего врага, не имея осознанной национальной идеи, потому что национальная идея и есть то самое, посягающий на что и должен считаться врагом* – (Курсив мой – А.К.)». При переводе с ура-патриотического на русский получается, что национальная идея нужна исключительно для того, чтобы узаконить внутреннего врага.

Демократов и, пользуясь лексиконом г-на Юрьева, «общечеловеков» «надо выжигать огнем» – так и написано. При этом он сам себе опять противоречит: ведь общечеловеческие ценности сформулированы Христом, в приверженности заповедям которого распинается автор.

Думается, Михаил Юрьев сыграл для Путина и его идеологов ту же роль, что пресловутая Нина Андреева для реакционеров в период горбачёвской перестройки: под их именами были сформулированы ключевые для власти тезисы. Объявляя поиски врага необходимой неотъемлемой частью национальной идеи, кремлёвские идеологи видимо забывают, что все без исключения государства, делавшие поиски врага своей национальной идеей, плохо кончали. Самый наглядный пример тому – нацистская Германия. А нынешние проблемы – следствие не демократии, которой – увы! – в России никогда не было, а бесконечная борьба с многочисленными врагами внешними и внутренними.

Происходящее на «идеологическом фронте» в России при Путине и при позднем Ельцине во многом объясняется приходом к власти людей из спецслужб. Ведь их учили не делать политику – идентифицировать и формулировать национальные интересы, отстаивать их, а совсем другому, – обслуживанию политики специфическими и далеко не всегда чистыми средствами. В результате в умах власть предержащих чекагэбистов твёрдо укоренилась ложная истина, что политика – дело грязное. А раз так, то никаких моральных ограничителей быть не может.

Самое печальное, что такой ход мысли пришёлся по душе очень многим. Во многом это, конечно, вызвано такими факторами, как комплекс неполноценности, стремление переложить на других ответственность за собственные беды и ошибки, и, конечно, извечная русская привычка делить людей на «своих» и «чужих».

Для того, чтобы прямо по Ленину идеи стали материальной силой, овладев массами, было предпринято немало усилий, включая устране-

ние оппозиции с правового поля, фактическая ликвидация парламентаризма, создание массовых молодёжных прокремлёвских движений и пр.
Не брезговал Кремль и тем, что называется «серым пиаром», включая
публикации в прессе, в том числе, зарубежной заказных статей для того,
чтобы запустить в обиход те или иные мифы, якобы подкрепляющие и
формирующие «национальную идею».

***

Одна из кремлёвских агиток заключается в том, что преобладаю-
щей чертой внешней политики современной России является «восста-
новленная национальная гордость». Но что же это за национальная
«гордость»?

Многие русские, находясь особенно со времён пришествия Примакова под гипнозом властей, действительно крайне болезненно пережи-
вали утерю влияния страны в результате распада СССР. Ещё в советские времена они не могли простить такое «предательство интересов
страны», как прекращение СССР войны в Афганистане, вывод советских
войск из колонизированных стран Центральной и Восточной Европы,
воссоединение Германии, прекращение холодной войны, шаги на пути к
реальному разоружению, прекращение поддержки террористов за рубежом. В первые постсоветские годы Россия действительно являлась
весьма слабым игроком в международных делах. Дело было не столько
в острейшем экономическом кризисе, сколько в отсутствии политики как
таковой, что привело страну к плачевным последствиям. Плюс к этому,
«военно-патриотическое воспитание» оказалось настолько действен-
ным, что русские не приняли политику отказа от бряцания оружием. Что
же касается Путина, он возродил самые мрачные советские традиции,
опираясь в своей политике на образы врага внешнего и врага внутреннего, что в немалой степени помогло ему пойти по пути милитаризации
страны, всяческих угроз в адрес своих зарубежных «друзей».

Другой элемент «национальной гордости» – нефтегазовый шантаж
зарубежных партнёров. Здесь нелишне вспомнить, что даже в худшие
времена холодной войны ни Брежнев, ни Андропов, ни Черненко не считали возможным прибегнуть к тому, что на Западе называли «пробле-
мой крана».

Разумеется, повышение цен на нефть и газ ни в коей мере не являются заслугой Москвы.

Другой миф заключается в том, что Россия проводит тонкую внешнюю политику. Как участник разработки ряда политических решений в 1992 – 2004 годах в качестве дипломата и сотрудника аппарата Совета безопасности России, могу со всей уверенностью констатировать, что *внешней политики у России не было и нет как таковой*. Впрочем, при Ельцине её не было иначе, чем при Путине. Владимир Путин, в отличие от Ельцина, прошёл определённую профессиональную подготовку и имел некоторый, хотя и весьма специфический, опыт во внешнеполитической области. Ведь сотрудники КГБ СССР, к которому принадлежал Путин, должны были воспринимать Запад как врага; у многих из них ненависть к Западу вошли в плоть и в кровь. Помимо этого, разведка, не говоря уже о контрразведке – не та область деятельности, которая занимается внешнеполитическим планированием и проведением внешнеполитического курса. Их работа – получить информацию, напакостить «противнику», завербовать агента. А ещё – повсюду выискивать угрозы, зачастую сгущая краски или попросту их выдумывая. Не будем забывать и о том, что КГБ был организацией карательной, охраняющей власть. При Путине разведчики, контрразведчики, сексоты заполонили Кремль, правительство, парламент, все мыслимые и немыслимые этажи, коридоры, закоулки и тупики власти.

На этом фоне особенно пикантно выглядит миф, (причём один из самых распространённых и удобных для всех) о демократичности российской власти.

Андрей Илларионов считает, что никто не нанёс такого ущерба российскому либерализму, как Егор Гайдар. В этом я не совсем с ним согласен: Борис Ельцин стал для россиян злой пародией на либерализм и демократию, надолго их от неё отвратив. Его непростительные для главы государства недостатки, его постоянная ложь, его извращения самих основ демократии создали тот самый фон, на котором для многих трезвый циничный злобоватый Путин выглядит панацеей от всех бед.

Политический и нравственный вектор Ельцина был очевиден с самого начала его деятельности. Но миф – удобный в том числе для реакционеров, стремящихся скомпрометировать демократию, сложился.

Хотя при Ельцине национальный позор России достиг апофеоза, этого президента (как выяснилось после его ухода с политической сцены) ещё можно было терпеть. Когда же Ельцин окончательно впал в странное для главы государства состояние, произошло нечто вовсе невообразимое: он *назначил* своим преемником офицера КГБ, при котором мифотворчество достигло зияющих низин.

В силу своей профессии я знаю немало сотрудников этой организации и с высокой степенью вероятности могу предполагать, что принадлежность Путина к разведке – не более чем очередной миф. По своему стилю, манере поведения он – типичный контрразведчик. А это – специализация специфическая даже внутри КГБ. Она не означала ничего хорошего: ведь основной деятельностью контрразведчиков в советских дипломатических представительствах было написание доносов на своих сослуживцев. Для этого, конечно, надо было уметь войти к ним в доверие, расположить к себе. Не этим ли навыком объясняются симпатии некоторых западных лидеров к этому странноватому человечку?

Другим мифом является то, что Путин ушёл из КГБ в отставку ещё в советские времена. Любой мало-мальски знакомый с работой органов государственной безопасности того времени человек знает, что это было невозможно. Отсюда следует единственно возможный вывод: *Путин был внедрён* в ближнее окружение одного из наиболее ярких демократических, хотя очень неоднозначных, лидеров СССР Анатолия Собчака, причём вряд ли с добрыми намерениями. Не он ли стал одной из причин политического краха этого безусловно неординарного человека? Другая версия, гласящая, что Анатолий Собчак был, как минимум, инородной фигурой в демократическом движении, также не украшает Путина: она означает, что он был послан в помощь Собчаку. В любом случае Путину сотрудничество с Собчаком пошло на пользу: представил себя чуть ли не правой рукой выдающегося демократа, кем бы на самом деле ни был Собчак...

Справедливости ради необходимо подчеркнуть, что во многом Путин всего лишь унаследовал многие ельцинские мифы, впрочем, доведя некоторые из них до совершенства. Не Путин развязал геноцид чеченского народа, не он стал автором лживого тезиса о том, в Чечне процветает *международный* терроризм. Не Путин фактически ликвидировал нарождающуюся парламентскую демократию – он лишь довёл этот процесс до его логического завершения. Не при Путине начались гонения на независимую прессу. Этот перечень можно было бы и продолжить. Другое дело, что многое негативное в России в период правления Ельцина – не его непосредственная вина.

Миф о демократизме Ельцина распространился на его преемника. Надо отдать ему должное: он достаточно изобретательно жонглировал стереотипами, чтобы не вызвать отторжения у своих западных партнёров, перед которыми представал борцом с терроризмом и с коррупцией, сторонником соблюдения конституции страны. Под приемлемыми для российской и части международной общественности предлогами, ему удалось окончательно скомпрометировать демократию и либерализм и полностью их ликвидировать в качестве сколь-нибудь значимого фактора российской политики.

Не исключено, что непричастность «либерального юриста» Медведева к спецслужбам тоже не более чем очередной миф. То, что в его официальной биографии не содержится соответствующей записи, ни о чём не говорит: ведь ни для кого не секрет, что к этим весьма специфическим организациям негласно принадлежали и принадлежат очень многие находящиеся вне подозрений люди.

Но мифотворчество – только часть беды: ведь мифы создаются с вполне определёнными целями. А эти цели зачастую отнюдь неблаговидны. Как, например, миф о враждебности Запада по отношению к России, призванный решить целый ряд внешне- и внутриполитических проблем. На этом стоит остановиться поподробнее ниже. Однако прежде необходимо подчеркнуть, что реально глядя на вещи, нельзя не признать, что для Запада и для России опасны одни и те же мифы.

Псевдорелигиозные перверсии

У религиозной свободы в России не более лёгкая судьба, чем у свободы слова. Вспомним в этой связи, что до большевистского переворота православие было государственной религией, а после него все религии были практически табуированы и взяты под строжайший контроль, в первую очередь, со стороны тогдашнего КГБ. Не будем забывать и о том, что многие священнослужители, включая высшее духовенство, были не более, чем офицерами КГБ в рясах. При горбачёвской реформации была предпринята удачная на тот момент попытка нормализации ситуации в области религиозной свободы и государственно-церковных отношений.

После краха коммунистической идеологии и практически неуправляемого распада СССР, в России образовалась обширная зона мировоззренческого вакуума, а вместе с ней – и огромный, крайне выгодный рынок. Ведь нет ничего более выгодного, чем торговля убеждениями, включая религиозные, для тех, у кого никаких убеждений нет: они торгуют субъективно для них не существующим, превращая то, что лично они считают миражом, во власть, влияние, деньги. Разумеется, на этот рынок бодро ринулась подлинно советская часть священнослужителей и бизнесменов от церкви. Другими словами, те, кто был *поставлен работать с религиями*. Здесь уместно вернуться к специфике священнослужителей. С учётом коммунистического лозунга «народ и партия едины», а и священнослужители, и верующие как-никак были частью народа, легко себе представить, кому и кем была доверена «работа на религиозном направлении». Кишела соответствующими публикациями и пресса. О принадлежности многих иерархов РПЦ к КГБ я знал из своих источников, о подлинном и основном месте работы многих других догадывался по неким точным индикаторам.

После принятия закона о религиозной свободе произошёл скачок из почти поголовного агрессивного атеизма в эру «подсвечников», как называли руководителей страны, позирующих перед телекамерами со свечой перед алтарём во время церковных служб. (В скобках отметим, что показная православность руководства страны при игнорировании других религий – не что иное, как грубое нарушение конституции и прав человека – ведь церковь отделена от государства и все религии равны; религиозность же дело личное, не напоказ). Библия заменила произведения «основоположников марксизма-ленинизма», которых никто из «уважаемых людей», конечно, не читал – а зачем, когда для этого есть консультанты и прочая партийно-государственная челядь? Ровно также дело обстоит и с Книгой Книг. Просто в тренированных к разным кульбитам мозгах номенклатуры и её обслуги твёрдое убеждение о том, что Бога нет, сменилось диаметрально противоположной и не менее твёрдой уверенностью.

Это оказалось исключительно кстати, когда рухнула коммунистическая идеология, превратившаяся на многие десятилетия в некую мегарелигию. Образовавшийся идеологический и мировоззренческий вакуум для многих хотя бы отчасти заполнила религия. Странно, но значительному количеству российского населения не столь важно, во что верить, главное – верить во что-то...

Прав был тот, кто для некоторых «и теперь живее всех живых», их «сила, знанье и оружие», говоря: идея становится материальной силой,

овладевая массами. Насчёт масс и их некоторых светских и религиозных лидеров разного масштаба всё понятно, а что касается материальной силы, то её воплощение – не только материальное благосостояние
некоторых священнослужителей, но и искусственно взращиваемая религиозная нетерпимость, которая порой трансформируется в нетерпимость
национальную, в другие, отнюдь не духовные, ценности.

Религия для многих стала модой. Эта её ипостась не имеет ничего
общего с верой: ведь мода и вера – явления разнопорядковые. Хотя
следовать моде или нет, конечно, каждый решает для себя сам. Я, например, в перестроечные времена отказался от того, чтобы после изы-
сканного обеда под водочку меня в своей личной часовне крестил один
из высших иерархов Русской православной церкви, к которому у меня
было слишком много, мягко говоря, вопросов. Главные из них: почему
его так обрадовало убийство отца Александра Меня? почему он считал,
что это произошло настолько *своевременно*? кто направил убийцу – не
он ли? Как вообще мог человек, занимающий один из высших постов в
одном из христианских течений радоваться самому факту убийства, тем
более, священника?

Но вернёмся к вопросу о выборе: следовать моде или нет. В современной России моде на религию можно противостоять не всегда.
Например, мне категорически не понравилось, когда условием утвер-
ждения в должности одного моего знакомого чиновника было выдвинуто
освящение его рабочего кабинета. А если бы он, например, был му-
сульманином, евреем, католиком?.. Ещё более не понравилось, что студентов одного из крупнейших российских государственных университетов, расположенного в Москве, в обязательном порядке сгоняют на цер-
ковные службы.

Я вывел для себя любопытную закономерность: наиболее рьяны-
ми православными себя позиционируют сотрудники спецслужб и коммунисты (впрочем, по моим наблюдениям, подавляющее большинство
ЧКГБистов являются убеждёнными коммунистами).

Но, так или иначе, эта мода позволяет надеяться на то, что кто-то
действительно ознакомится с учением Христа, Магомета, с Торой, с
буддизмом.

Есть в этой моде и некий негатив. Например, как на любой иной
моде, на ней выгодно и удобно спекулировать – ведь рынок! Кто только
этим не занимается! Псевдопопы, собирающие на улицах «пожертвова-

ния», что запрещено действующим законодательством. Попы вполне настоящие, которые за очень не маленькие деньги освящают что угодно – от пусковых шахт межконтинентальных ракет до бандитских Мерседесов. Разного рода псевдо- и околорелигиозные манипуляторы, разжигающие межрелигиозную, межнациональную и иную рознь. Служители культов, которые видят в них прежде всего их рыночную стоимость, в том числе, путём соития с государством – ведь тогда и продать что-нибудь можно подороже...

В 1994 году Русская православна церковь декларировала, что она находится в бедственном положении. А спасти её может правительство, если разрешит ей ввозить в страну вино и сигареты по линии гуманитарной помощи без пошлин. За три года в штаб гуманитарной помощи РПЦ поступило 10 тыс. тонн сигарет. По некоторым данным, от поставок сигарет церковь еженедельно должна была получать по миллиарду неденоминированных рублей. Но этого не хватило. И Церковь приняла самое активное участие, в том числе в лице патриарха, в предвыборной кампании 1996 года. И была отблагодарена за это тем, что правительственная комиссия признала гуманитарной помощью церковное вино для нужд РПЦ, поставляемое на безвозмездной основе из Германии.

Патриархия дошла до такого цинизма, что наложила лапу на зачем-то передаваемые на её нужды военное имущество: плавсредства, военные причалы, портовое оборудование, аэропорты, ремонтные заводы, инженерную технику, транспортные средства и средства связи. Хапанула она и объекты санитарно-оздоровительного комплекса, культуры, спорта, складские, производственные, иные помещения, земельные участки и прочее недвижимое имущество, ранее принадлежавшее министерству обороны. По слухам, РПЦ была причастна и к распродаже остатков недвижимости и материально-технических средств бывшей Западной группы войск в Германии, к алмазному бизнесу, к туристическому бизнесу.

Но все рекорды, как и положено, побили политики и бюрократы. Именно политики дошли до того, что духовность стали отождествлять с религией, что, естественно, просто неправомерно. Но и этого оказалось мало. Религию, причём не любую, а исключительно православную, пытаются сделать столпом той самой национальной идеи, которую так усиленно вымучивают самозваные «патриоты», которые исходят из нацистского тезиса «Россия – для русских».

А чего ещё можно было ожидать от российской власти – некомпетентной, с крайне низким интеллектуальным и культурным уровнем? Что же в этих условиях удивляться тому, что религия, которая традиционно выступает как форма национального самосознания, всё больше вновь приобретает эту функцию? Наиболее показателен в этом плане ислам.

Если верить закону, православие отделено от христианства и даже, выше его. Что ж, насчёт отделённости многих высших иерархов Русской православной церкви я спорить не буду...

Разумеется, возникает вопрос: а что, раньше было лучше? Конечно, нет. Но было проще. И, думается, что подлинно верующих людей было не меньше. Но они были вынуждены скрывать свои религиозные убеждения. На смену одному лицемерию и ханжеству пришли другие.

И ещё одно. Сейчас православие стало образом жизни. А как удобно прикрывать Богом все безобразия. Это тоже модно.

Самое обидное, что нынешняя реальность в области религиозной свободы была создана из самых лучших побуждений.

Как бы там ни было, тому, что пришло на смену «новой исторической общности людей – советскому народу», досталось непростое духовное и мировоззренческое наследство. Банкротство прежней системы ценностей усугубилось грубыми ошибками и просчётами власти, напрочь забывшей, что страна многоконфессиональна и поликультурна. Дело, к сожалению, не ограничилось антиконституционным и деструктивным фактическим огосударствлением Русской православной церкви при практически полном игнорировании других конфессий. Был нужен враг. И его придумали. Врагом, как уже говорилось выше, *был назначен ислам.* Трудно было придумать что-то более вредное, опасное и несправедливое.

В советские времена естественноисторический, культурный и этнический религиозный плюрализм в России (и СССР в целом) целенаправленно задавливался партийно-бюрократической и правоохранительной машиной. Практически была сделана ставка на православие как на единственно приемлемую коммунистам религию, как на «наименьшее из зол» во всем разнообразии религиозной и культурной жизни страны. Это в значительной степени и спровоцировало всплеск происламских настроений на постсоветском пространстве.

После прекращения диктата КПСС и, позже, суверенизации входивших в СССР государственных образований, ислам хлынул в возникший мировоззренческий и идеологический вакуум тяготеющей к этой религии части населения по национальным, культурным или иным признакам примерно также, как это произошло для славян с православием. Говоря об исламе, нельзя не учитывать, что он обладает крайней притягательной силой для значительной части населения бывшего СССР. Это, в частности, происходит из-за простоты некоторых течений ислама, основы на взаимоподдержку, на верховенство уммы (религиозной общины) над национальной общностью, весьма близкие к ленинизму элементы эгалитаризма, что делает его легко доступным и притягательным. Поэтому некоторые течения ислама для кого-то стали своего рода заменителем привычной коммунистической идеологии. Чеченская война, наряду с грубыми ошибками и просчётами российского руководства в межконфессиональной и национальной политике, ещё больше обострили проблему ислама. Власть не на шутку испугалась того, что ислам оказывает существенное воздействие на развитие обстановки в Чечне, Дагестане, Ингушетии, Кабардино-Балкарии, что он распространён в центральных областях России, Татарстане, Башкирии и Калмыкии, и активизировался в Сибири, на Дальнем Востоке в местах компактного проживания мусульман. Основной причиной такого испуга стала надуманная возможность разлома России по «исламской дуге».

Но одного «врага» огосударственной РПЦ оказалось мало. Она объявила настоящий крестовый поход против всех остальных конфессий, толков и вероисповеданий, окрестила все нетрадиционные религии «тоталитарными сектами», хотя многие из них ничего общего с тоталитаризмом и общеизвестными деструктивными проявлениями псевдорелигий не имеют. РПЦ обслуживают не только прицерквлённые погромщики, как, например, те, которые разгромили выставку «Осторожно, религия», но и правоохранительные органы.

У меня, как, наверное, уже ясно из вышесказанного, сложилось весьма непростое, менявшееся во времени отношение к религии. В период перестройки установление религиозной свободы было необходимо, прежде всего, как морально-нравственный императив. Не буду скрывать, что до поры до времени к верующим и священнослужителям у меня было несколько идеалистическое отношение. В частности, оно сформировалось за счёт того, что мой здравый смысл (или то, за что я его принимаю) напрочь взбунтовался против материалистического понимания мира – мне всегда была очевидна мощь слова, мощь идей – как созидательных, так и деструктивных. Какое-то время я понимал свою роль в государственно-церковных отношениях в том, чтобы помочь Церкви. Допомогался...

Потом мне стали неприятны иерархи РПЦ.

Для меня всегда были неприемлемы разного рода владыки – будь то государственные, или религиозные. Тем более, когда они сохраняют своё «владычество» за счёт малопонятных людям и невыполнимых догм. В результате они, владыки, должны казаться непогрешимыми, а все вокруг испытывать перед ними комплекс неполноценности.

Диктат религиозных и псевдорелигиозных догм привёл к весьма сомнительным последствиям, непрекращающимся распрям. Какой-то животный страх Московского патриархата перед Ватиканом, его патологическая ненависть к католицизму – лучшая иллюстрация тому.

Нынешняя Русская православная церковь из-за своих весьма сомнительных руководителей сама превратилась в подобие огромной тоталитарной секты. Да и не только руководители виноваты. Большинство попов малообразованны, грубы, не говоря уже о том, что думают только о деньгах. Их паства это принимает – как же, попы! – и они хамеют, звереют ещё больше.

Их бездуховность когда-нибудь войдёт в пословицы и поговорки. Например: бездуховен, как поп; жаден, как поп; груб, как поп...

Правительственные чиновники и попы восторгаются «возрождением духовности». Правильнее было бы говорить о мракобесии и о поповщине, которую клеймили ещё классики русской литературы.

Такое не просто признать одному из тех, кто долго и небезуспешно работал для того, чтобы в стране установилась религиозная свобода.

И дело

В России сложилось странное положение. Во многом оно было обусловлено спецификой советского периода, идеологическим характером СССР, повышенной внушаемостью российского населения. Заключается эта странность в том, что власти страны, начиная с 1917 года, регулярно и методично совершают, мягко говоря, неблаговидные поступки, сокрытие которых требует сделать нечто ещё более неприемлемое. Возможно, самой наглядной иллюстрацией тому является судьба советских военнопленных во время Второй мировой войны: из гитлеровских концентрационных лагерей, где они рассматривались советской властью как предатели по той преступной логике, что только предатели могут оказаться в плену, и потому им не оказывалось ни малейшей помощи, они были напрямую этапированы в лагеря сталинские. Если пережившие такой двойной кошмар об этом рассказывали, их направляли на принудительное психиатрическое лечение.

Двоемыслие власти неизбежно приводит к её неблаговидному поведению, к человеческим бедам и трагедиям, к ущемлению широкого спектра прав человека. Для того, чтобы оно воспринималось населением как нечто естественное, помимо непререкаемой беспрерывной лжи государство должно обладать другими средствами и инструментами. Такой инструментарий получил обобщённое название «вертикаль власти».

«Вертикаль власти»

Было бы наивно полагать, что отсутствие у Путина, Медведева & Со провозглашённой программы означает, что её не существует как таковой. Программа, конечно, есть. Другое дело, что её нельзя озвучивать, потому что иначе и российская, и зарубежная общественность в ужасе отшатнулись бы от правящего с 2000 года в России режима. Но, хотя эта программа держится под спудом и известна только посвящённым, она легко просчитывается при анализе того, что и как делала российская власть с начала текущего столетия. Это – программа возрождения тоталитаризма внутри страны и экспансии вовне, программа реакции на демократические изменения в стране.

Как уже говорилось выше, к моменту, когда Путин стал президентом, Россия была практически неуправляема. Поэтому его нарочито нейтральный тезис о необходимости создания в стране «вертикали власти» был воспринят как нечто естественное, тем более что отсутствие действенной системы управления привело к негативным последствиям и в горбачёвский, и в ельцинский период. Другое дело – что из себя представляет власть, каковы её цели и средства для их достижения. Создание путинской «вертикали власти» означало не что иное, как новую опричнину, другими словами, круг преданных и пользующихся особыми благами и властью людей. В основном новыми опричниками стали сотрудники спецслужб и военные.

В чём же видели люди, пришедшие к власти в 2000 году основные беды России? Здесь уместно отметить, что, работая в течение многих лет с представителями организации, назвавшей себя словом «органы», зная о принадлежности к ним многих своих коллег, знакомых и даже друзей, я достаточно хорошо понимаю их весьма специфическое мировоззрение.

Как уже говорилось выше, большинство сотрудников российских спецслужб придерживаются большевистских убеждений, которые считаются коммунистическими. С соответствующими мерками они подходят к ситуации в стране. Корень бед для них заключался в плюрализме и в зачатках демократии. Начиная с 1997 года, пока я работал в Совете безопасности, разные представители спецслужб «обкатывали» со мной идею о необходимости создания в России двухпартийной системы. При этом они настолько убеждённо говорили о вреде большего количества партий, что было ясно: они проводят утверждённую где-то «наверху» линию. При Ельцине, однако, этим прожектам не суждено было сбыться.

Необходимо сделать следующую оговорку. Коммунистические убеждения большинства сотрудников спецслужб и военных отнюдь не означает их приверженность тому, что на посткоммунистическом пространстве называют идеями Маркса, Энгельса и Ленина, о которых они зачастую имеют лишь весьма туманное представление. Для них речь идёт об организации общества, о его функционировании, об отношениях личности и власти. Другими словами, о ленинско-сталинской модели государственного и общественного устройства с присущими ей отрицанием личных интересов при возведении в некий абсолют выведенных властью общественных интересов, декретируемым единомыслием, доминированием силового компонента во внешней и внутренней политике.

Начиная с момента, когда реформы Горбачёва набрали силу, а его противники стали использовать самые мерзкие методы и средства для

того, чтобы их остановить, в массовом сознании (уверен, что при помощи спецслужб) прочно укоренился стереотип, что политика – дело грязное. Действительно, КГБ и реакционно настроенная часть советского руководства исходила из той псевдомудрости, что все средства хороши
для достижения их целей. Сугубо ленинско-сталинский безнравственный
подход к политике в краткосрочной перспективе себя оправдал.

Но для того, чтобы это произошло, надо было выполоть робкие ростки демократии, законопатить все отдушины для притока свежего воздуха, «выстроить» всё и вся, прежде всего независимые до того законо-
дательную и судебную власть, а также четвёртую власть – средства
массовой информации. Именно с установления жёсткого контроля над
«четвёртой властью» Путин и начал свою деятельность в качестве главы государства, о чём говорилось выше. Дуплетом он выстрелил по
парламентаризму.

Создавая в России новый тоталитаризм, Путин не мог игнориро-
вать тот факт, что весьма широкие полномочия президента страны всё-
таки отчасти ограничивались парламентом, который при Ельцине порой
бывал непослушным, вплоть до попыток объявить президенту импичмент. Более того, оппозиционные партии в Думе и главы регионов, которые входили в верхнюю палату парламента, нередко ставили исполни-
тельную власть в затруднительное положение. Нового российского самодержца такое положение дел категорически не устраивало, и практически сразу после прихода к власти он приступил к демонтажу парламентаризма в России. Впрочем, в том, что касалось Государственной
думы, особой необходимости спешить не было: усилиями «патриотов»
там было создано надёжное пропутинское большинство.

Едва придя к власти, уже летом 2000 года, Путин изменил принцип
формирования Совета Федерации: если ранее он состоял из руководителей субъектов Федерации, то теперь в него стали входить их назна-
чаемые представители; в результате Совет Федерации стал полностью
контролироваться Кремлём и без преувеличения превратился в «кар-
манный орган».

В сентябре 2002 года Путин нанёс следующий удар по самим ос-
новам демократии: в действующее законодательство были внесены изменения, запрещающие проводить референдумы в последний год полномочий президента и Государственной Думы, а также запрещающие
выступать с инициативой о проведении референдума во время обще-

федеральных избирательных кампаний. Тем самым запрет распространяется на большую часть каждого избирательного цикла, возможности граждан инициировать референдумы оказались резко суженными.

С декабря 2004 года высшие должностные лица (президенты и губернаторы) субъектов Федерации стали назначаться соответствующими региональными парламентами по представлению президента РФ. Тем самым население лишилось возможности выбирать глав регионов, которые стали с одной стороны полностью независимыми от населения, а с другой – целиком зависимы от Кремля. В свою очередь, у губернаторов остался единственный избиратель, с которым следует считаться, – президент страны.

2005 год стал годом прощания с надеждой на справедливые парламентские выборы. Именно это означали изменения в законодательстве, предусматривающие проведение выборов исключительно по партийным спискам и, тем самым, делающие невозможным избрание независимых кандидатов, а также запрет на создание избирательных блоков на выборах всех уровней, отсекающий мелкие партии от возможности объединиться и общими усилиями пройти в парламент. Помимо этого, был снижен с 25% до 10% процент недостоверных подписей избирателей, при превышении которого партиям или кандидатам можно отказать в регистрации на выборах. В условиях, когда проверку подписей ведут встроенные в вертикаль власти избирательные комиссии и правоохранительные органы, это дает возможность отсечь от выборов любую неугодную партию. Но и этого власти показалось недостаточно: она ввела ограничения на работу наблюдателей на выборах. В результате этих ограничений наблюдателей могли направить только партии, зарегистрировавшие свои списки на выборах, а не любая общественная организация, как было ранее. Тем самым были резко ограничены возможности для независимого контроля над выборами.

Принятые поправки к законодательству показались Кремлю недостаточными, и в июле 2006 года в него вносятся новые изменения, запрещающие политическим партиям выдвигать на выборах членов других партий. Таким образом, мелкие партии окончательно утратили любые возможности объединять усилия, формально не создавая уже запрещенные избирательные блоки, но выдвигая своих кандидатов по какому-то одному «базовому» списку, как это происходило на выборах Московской городской Думы в декабре 2005 года. Более того, политические симпатии и партийность, по сути, стали основанием для ограничения пассивного избирательного права избирателей, а для кандидатов в депутаты – активного. Заодно была отменена графа «против всех» на выборах всех уровней. Тем самым российские граждане были лишены возможности, голосуя «против всех», выразить недоверие всем допущенным к выборам кандидатам или партиям и добиться новых выборов. До этого, если против всех голосовало большинство избирателей, выборы признавались несостоявшимися.

И, наконец, дабы избежать любых неожиданностей на выборах, в ноябре 2006 года была отменена минимальная явка на выборы не менее 20% избирателей (для выборов Госдумы – 25%, для выборов президента – 50%), при которой они признаются состоявшимися. Тем самым избиратели лишаются последней возможности, «голосуя ногами», добиться новых выборов и выдвижения новых кандидатов, а сами *выборы стало возможно проводить без избирателей.*

В условиях чрезвычайно расширительного толкования понятия «экстремизма» был введен запрет на регистрацию кандидатов, обвиненных в «экстремистской деятельности», в том числе имеющих непогашенную судимость за указанные деяния или административное наказание за изготовление и пропаганду нацистской символики. Это создало дополнительные механизмы отстранения оппозиции от выборов. Тем самым было введено внесудебное ограничение избирательных прав граждан: Конституция не позволяет ограничить избирательное право гражданина, объявленного «экстремистом», – для этого надо, чтобы он находился в местах лишения свободы по приговору суда.

Наконец, запрещена агитация в телеэфире одних кандидатов и партий против других кандидатов и партий. Тем самым на выборах устранены последние элементы политической конкуренции, оппозиция лишается возможности проинформировать граждан об ошибках власти, а граждане лишаются права об этом узнать.

Сторонники этих изменений действующего законодательства (все без исключения – прокремлёвские) демагогически утверждают, что упомянутые нововведения позволяют более полно адекватно учитывать интересы избирателей. Приводится также тот аргумент, что эти изменения позволят повысить ответственность депутатов. Оппозиция, напротив, вполне обоснованно говорит о монополизации политического пространства «партией власти».

Политико-демократический фарс с проведением референдума в Чечне, с избранием А. Кадырова президентом Чечни и В. Матвиенко губернатором Санкт-Петербурга говорят сами за себя[36]. И, всё же – не до конца.

Не удовлетворившись внесёнными в законодательство изменениями, Путин ввёл в практику широкомасштабные и практически неприкрытые фальсификации результатов выборов. Население страны, прекрасно отдавая себе в этом отчёт, никак не реагировало на ставшую привычной практику подтасовки результатов голосования, принуждения к голосованию за указанных «сверху» кандидатов, вброса избирательных бюллетеней и других нарушений избирательных прав.

Таким образом, итоги парламентских выборов 2007 года и президентских 2008 года были заранее предрешены.

Впрочем, объективности ради, нельзя не признать, что в случае проведения честных выборов, их результаты всё равно были бы близкими к нужным Кремлю. Вместе с тем, у демократической оппозиции был бы реальный шанс остаться в политике, что, безусловно, давало бы надежду на сохранение определённых предпосылок для формирования гражданского общества.

Для этого и громились «Медиа-Мост» и НТВ, а затем и другие независимые от государства СМИ. Для этого после ликвидации свободы слова и были запущены другие механизмы гильотины для демократии.

---

36   19 марта 2003 г. на сайте WPS - Мониторинг СМИ был помещён материал, в котором говорится, что решение об усилении ФСБ было принято прежде всего для того, чтобы «повысить управляемость предвыборного процесса». В результате реформы силовых ведомств система ГАС-выборы перешла от Центризбиркома в ведение ФСБ. По сведениям заместителя Центра политических технологий Дмитрия Орлова, ЦИК и ранее был лишь корпоративным пользователем этой системы. Контроль за получением и предоставлением данных с самого начала действия системы осуществляло специальное подразделение ФАПСИ. Работа ГАС-выборов полностью закрыта для посторонних наблюдателей. Проверить достоверность информации, предоставляемой для открытого доступа – например, диаграмм, которые помещают в интернете, – невозможно. Именно поэтому, по мнению авторов публикации, в умелых руках ГАС-выборы дают множество способов подтасовки информации – ведь 99 % наблюдателей получают лишь копии результатов. Возможна, например, не только тривиальная сдача пустых бюллетеней, но даже создание виртуальных избирательных участков в компьютерной сети. В общем, система ГАС-выборы – нечто вроде «черного ящика»: закладывают ингредиенты (информацию) – получают результат (имя депутата). «А контроль за процессом превращения теперь находиться в руках набирающей могущество ФСБ», резюмируется в публикации.

Ящик Пандоры

Ещё до захвата чекистами власти было востребовано самое чёрное наследие советских времён. Этот настоящий ящик Пандоры был открыт отчасти по недомыслию, отчасти из-за некомпетентности власти, её беспомощности при решении любых проблем, отчасти для решения сиюминутных задач. Но в том, что вырвавшиеся из него терроризм, насилие над собственными гражданами, шпиономания, нагнетание страха перед мнимыми и реальными опасностями (которые, конечно, порой специально создавались властью) использовались для истеризации населения с тем, чтобы оно стало легче управляемым, не вызывает сомнений.

Государство выпустило на волю джина насилия. Это началось ещё во времена, когда реакционеры боролись против горбачёвской реформации. При Ельцине насилие стало повседневностью российской политики.

Анализ насилия государством российским может занять многие сотни страниц. Ниже речь пойдёт только о наиболее зримых его проявлениях. Поэтому здесь представляется уместным сказать несколько слов о насилии как таковом в российской политике последнего столетия.

Насилие над собственными гражданами является своего рода «фирменным знаком» России XX – начала XXI веков. Красный террор. Легендарные Соловки – первый из концентрационных лагерей, куда ссылалась интеллектуальная и духовная элита страны – ставшие предвестником ГУЛАГа. Уничтожение дворянства, интеллигенции, священнослужителей, более-менее зажиточного крестьянства, других «врагов народа» – всех перечислить невозможно.

Без грубого насилия в отношении собственных граждан СССР прожил совсем недолго: массовые репрессии были прекращены после смерти Сталина в 1953 году, а уже в 1962 г. власти решили привычными средствами «навести порядок» в Новочеркасске. Впрочем, это был единичный случай применения силы. Характерно, что даже в ходе расследования, проведённого уже после кончины СССР, в 1993-1994 годах, виновных в гибели людей не оказалось...

В годы перестройки провокационное и непропорциональное применение силы выстреливало то в одном, то в другом регионе страны. Каждый раз это была беда. В большинстве случаев она была спровоцирована неосталинистами, которые рассматривали насилие как инструмент своей политической игры. Жизни людей, их благополучие становились разменной монетой в борьбе политических и других амбиций. Ставка – власть.

Ельцин, став полноправным главой государства, широко прибегал к грубому насилию. Впервые его развязал в октябре 1993 года, расстреляв из танковых орудий мятежный парламент. Чрезвычайное положение, объявленное после этого, обернулось массовыми нарушениями прав человека, включая избиения пассажиров общественного транспорта – в том числе женщин, детей, стариков.

В чём нельзя упрекнуть Путина, так это в пренебрежении к нуждам силовых ведомств. Он любит играть в солдатики. Попозировал в лётном комбинезоне перед телекамерами в кабине истребителя, потом стратегического бомбардировщика, запускающего ракету; в кораблики поиграть тоже любит. В бытность президентом как у верховного главнокомандующего у него такие возможности были. Не скупится на применение силы против собственного населения, причём не только в Чечне. И общество он хотел бы видеть солдатиками: послушными его воле, бездумными.

Здесь было бы неуместно претендовать не только на исчерпывающий анализ, но даже на полный перечень связанных с описываемыми явлениями событий. Цель этой части книги – дать представление о некоторых из наиболее опасных происходящих в России процессах.

Терроризм

Российским властям традиционно нужен враг. В догорбачёвские советские времена им был «мировой империализм», что влекло за собой региональные и локальные конфликты, «национально-освободительную борьбу», во многих случаев инспирируемую Москвой, международные кризисы, некоторые из которых были чреваты глобальным ракетно-ядерным столкновением. «Антиимпериалистическая борьба» стала, безусловно, одним из источников (рассадников, кормушек, школ – можно назвать как угодно) международного терроризма[37]. С момента, когда страна начала пытаться «цивилизоваться», положение изменилось. Но, если М. Горбачёву враг был не нужен и даже противопо-

---

37   Говоря это, автор ни в коем случае не снимает соответствующей доли ответственности с других стран: просто здесь речь идёт о России. Он убеждён в правоте стихотворца: зло, побеждённое злом, не станет добром.

казан, Б. Ельцину и его преемникам он необходим. Чтобы оправдать развал страны, её обнищание. Чтобы охранить власть и себя самих.

Здесь необходимо пояснить, что террор – важнейшая составная часть российской политической традиции. Он был одним из основных средств революционной борьбы в России, начиная с 1860-х годов. Террор широко использовался для устранения «вредных» для революционеров людей, для дестабилизации общества, для получения средств для революционной борьбы[38]. После прихода к власти революционеры не отказались от привычного и эффективного инструмента для решения стоящих перед ними проблем[39]. Что касается устранения неугодных, здесь СССР и Россия достигли зияющих высот[40]. Фактически террор был основой внутренней политики в СССР. С июня 1918 г. по февраль 1919 г. по приговорам органов ВЧК на территории 23 губерний было расстреляно 5496 человек, причем среди них 800 уголовных преступников[41]. В 1920 г. революционными военными трибуналами было приговорено к смертной казни 6541 человек[42]. Решался вопрос о применении смертной казни «тройками» и «пятерками» ВЧК.

Разумеется, терроризм не мог в той или иной форме не использоваться СССР в его «антиимпериалистической борьбе». Вряд ли можно считать случайностью, что терроризм особенно активно использовался наиболее кровавыми из дружественных СССР режимов, левацкими и экстремистскими организациями. Не случайно, видимо, и то, что Ильич Рамирес Санчес, известный как Карлос Шакал, проходил школу террористического мастерства в дружественной СССР Кубе, а за высшим образованием поехал в московский Университет дружбы народов имени Патриса Лумумбы, фактически готовивший революционеров и считавшийся на Западе академией мирового терроризма, что Абдула Аджалан скрывался в России, куда он вполне легально въехал, хотя разыскивался полициями всех стран.

---

38 Только в 1901 – 1911 жертвами террористических актов стали около 17 тыс. человек.
39 Как, например, массовые репрессии против духовенства якобы с целью оказания помощи голодающим Поволжья.
40 По некоторым оценкам более 25 млн. человек были истреблены в ходе внутрипартийной борьбы, гражданской войны, коллективизации и индустриализации.
41 *Смертная казнь: за и против*. М.: 1989. С. 104.
42 Там же. С. 110.

Первый по-настоящему громкий террористический акт в новейшей российской истории состоялся, когда в Будённовске 14 июня 1995 года чеченские боевики захватили заложников в больнице на 2 000 мест и обслуживающий персонал. Количество заложников не уточнялось, но по официальной и явно неправдоподобной версии речь шла о нескольких сотнях. Несмотря на это, Ельцин 16 июня вылетел на встречу «большой семёрки» в Галифакс. 17 июня по его распоряжению начался штурм больницы, во время которого погибло 166 человек и более 400 было ранено, причём, согласно многочисленным свидетельствам, все жертвы были убиты и ранены федеральными войсками. Более того, штурм кончился ничем: террористы ушли. Тем временем Ельцин на глазах у удивлённой публики радовался жизни в Галифаксе. Тогда же он достиг одной из своих «вершин», голословно заявив, что Турция готова предоставить убежище Дудаеву и, более того, что Дудаев это предложение принял. Ещё одно знаковое заявление российского президента заключалось в том, что Чечня стала центром мирового терроризма. Американцам пришлось заявить, что Ельцин не был под действием каких-либо веществ.

После этого началась серия каких-то странных терактов: бессмысленных, анонимных, без требований. Из-за их специфичности никакие исторические аналогии с ними провести не представляется возможным: нет ответа на вопрос, зачем они совершались. Тем более что жертвами ничего не требующих анонимов становились случайные люди: пассажиры городского транспорта, самолётов, поездов. Как уже говорилось выше, сразу после совершения каждого такого преступления находился «чеченский след», который вскорости куда-то терялся. Люди были объяты ужасом, особенно в Москве, где такие теракты были особенно частыми. Единственной целью этих терактов, видимо, можно считать создание атмосферы страха у населения, его истеризацию. Один из возможных ответов на вопрос, в каких целях, как ни странно, лежит на поверхности – вполне возможно, что власть обеспечивала себе свободу рук. Нельзя сбрасывать со счетов и тот факт, что во времена правления Ельцина в России разворачивалась острейшая межклановая борьба.

Относительно версии о том, что теракты совершались чеченцами, необходимо отметить, как минимум, следующее. Во-первых, эта версия вполне логична с учётом того, сколько горя федеральные власти принесли чуть не каждой чеченской семье. Однако традиции кровной мести здесь вряд ли применимы: ведь она всегда направлена против конкретных обидчиков и не подразумевает мести по национальному признаку. Во-вторых, в Чечне сохранился кодекс чести и там не принята анонимность, особенно, в том, что касается мести. В-третьих, в некоторых случаях чеченские лидеры брали на себя ответственность за теракты, в которых они обвинялись, хотя в действительности не имели к ним (по сведениям самих российских спецслужб) никакого отношения по той простой логике, что ответственность за громкий теракт прибавит им авторитета. В-четвёртых, нельзя сбрасывать со счетов практику не предъявляющих никаких требований камикадзе (например, на Ближнем Востоке).

В целом, ситуация с терактами при Ельцине выглядела сложно и неоднозначно.

Политический фон этой серии терактов был весьма своеобразным. Шла борьба между сторонниками реванша за поражение России в войне с Чечнёй (обратим внимание на всю многослойность и парадоксальность такой постановки вопроса) с одной стороны и мирного решения чеченской проблемы – с другой. На этом фоне не могло не привлечь внимание нашёптывание из ФСБ о том, что за всеми этими терактами стоит министр внутренних дел Анатолий Куликов, который специально для этих целей якобы создал секретное подразделение. С одной стороны, это звучало достаточно правдоподобно – Куликов был одним из лидеров «партии войны». С другой, – ФСБ не тот источник информации, которому можно достаточно доверять; вряд ли кто-либо, кроме людей, которые никогда ничего не скажут, сможет уверенно утверждать, так ли это было на самом деле, и не было ли это нашёптывание продиктовано стремлением переключить внимание с ФСБ на другое ведомство. В любом случае у информированных в московском закулисье людей складывалось ощущение, что, по крайней мере, *за некоторыми терактами во времена Ельцина стоял некто из власти, кому было не по нраву мирное решение чеченской проблемы.* Тем более, с учётом невероятных (порой по причине их примитивности), но эффективных финансовых афёр.

Хотя при Ельцине ситуация с терроризмом была крайне острой и болезненной – не будем забывать, что именно он, и никто иной, развязал чеченскую войну, выпустив террористического джина из бутылки, что именно при нём начались игрища спецслужб с террористическими актами, нет ничего более циничного, чем то, что вытворяет с терроризмом

Путин. У него к терроризму отношение простое: терроризм ему выгоден. И он его использует. Но, чтобы это было возможно, надо неуёмно лгать, что он и делает – самозабвенно, упоённо, технично, как и учили шпиона-президента.

Ведь он пришёл к власти на волне ужаса, вызванного в результате взрывов жилых домов в Москве в ночь на 9 сентября на улице Гурьянова и ранним утром 13 сентября на Каширском шоссе[43] 1999 года. Ответственность за эти террористические акты были без всяких доказательств возложены на чеченских сепаратистов.

Кто мог поверить директору ФСБ, что сотрудники возглавляемой им организации подкладывали в жилой дом в Рязани гексоген, использовавшийся для взрывов в Москве, якобы в рамках учений для проверки бдительности граждан? Не поверили, конечно. И тут же забыли. А не надо было забывать и позволить власти спустить всё на тормозах – ведь за руку её поймали! Правильно говорит известный сатирик Михаил Задорнов, что такому народу безразлично, кто им управляет.

А ведь буквально накануне назначения Путина (не при нём – значит он не виноват! – а то, что он в этот момент руководил ФСБ, ну кто же об этом вспомнит; и действительно, не вспомнили!) произошло вторжение чеченских боевиков в Дагестан, которое тут же было охарактеризовано, как «международный терроризм». Вроде бы бред или элементарная неграмотность: о каком международном терроризме можно говорить в пределах одной, пусть и многонациональной страны? Но нет, это был не бред, не безграмотность, а точный, далеко идущий расчёт. Как помог Путину жупел международного терроризма после террористических актов 11 сентября 2001 года в Нью-Йорке и в Вашингтоне! Именно эта трагедия наряду с умело запущенным им тезисом о том, что терроризм в России не свой, доморощенный, а международный, позволил Путину добиться, чтобы президент Буш настоял, чтобы Европейский союз пошёл на поводу у Москвы, не допустил бы дальнейшего охлаждения отношений. Именно благодаря этому тезису Запад смотрит сквозь пальцы на безобразия, творимые Москвой в Чечне, на фактическую ликвидацию свободы средств массовой информации, на бесчинства с Ходорковским и его ЮКОСом, не говоря уже о многом другом. Как же – человек борется с международным терроризмом, ему мешать не можно!

---

43   Как сообщалось, в первом из них погибло 94 человека, во втором 121 человек.

Население с восторгом восприняло, что у власти оказался решительный человек, начавший «антитеррористическую операцию» против Чечни. И опять практически никто не заметил откровенной лжи: никакой антитеррористической операции не было с самого начала, были политически грамотно обставленные широкомасштабные военные действия, как раз и приведшие к волне терроризма. Так или иначе, рейтинг у Путина из нулевого стал президентским, что и требовалось доказать…

В результате, согласно версии, являвшейся многие годы официальной, терроризм и Чечня неотделимы друг от друга. Но наиболее страшные террористические акты настолько загадочны, что не могут не вызвать вопрос о том, как они могли совершиться и закончиться именно таким образом.

Каждый крупный террористический акт Путин поворачивал таким образом, что он шёл ему на пользу, что не может не вызвать вопросов само по себе. В том числе, сюрреалистическую историю со взятием в заложники около 700 зрителей (думается эта цифра не точна, действительное количество заложников названо так и не было) популярного в Москве мюзикла «Норд-Ост» в Театральном центре на Дубровке. Это произошло 23 октября 2002 года. Требование террористов – вывод войск из Чечни. В случае штурма они обещали взорвать здание. Ещё одно подтверждение правильности тезисов Путина – никаких переговоров с террористами, надо их мочить в сортире, войска из Чечни не выводить? А ведь именно так общество и отреагировало на происшедшее. И аплодировало Путину, что он не пошёл на переговоры с террористами. De facto аплодировало тому, что именно власть, а не террористы, убила стольких людей. Международное сообщество поужасалось, выразило соболезнования и не стало задавать неудобных вопросов. Очередная проба пера состоялась, не вызвав для Кремля никаких проблем.

В истории со взятием заложников и штурмом театрального центра, трагический итог которых по официальным данным – 129 погибших (причём эта цифра небезосновательно считается независимыми экспертами существенно заниженной), большинство из которых скончалось от якобы неизвестного газа, применённого при штурме здания, немало загадочного. Как такая большая группа до зубов вооружённых террористов смогла беспрепятственно проникнуть в зал? Где они жили и готовились к захвату заложников, где хранили оружие и готовили взрывчатку? Кем была подготовлена эта операция? Зачем были убиты находящиеся после применения газа в беспомощном, бессознательном состоянии террористы, причём все без исключения? Соответствовали ли истине сообщения о взятии двух пленных террористов – мужчины и женщины? Если да, то почему о них больше ничего не сообщалось? Почему часть спецназа пошла на штурм без антидота? Почему медики были не подготовлены к приёму пострадавших и не информированы о характере применённого газа? Сколько, в конце концов, погибло человек? Ведь всем понятно, что официально названное количество погибших имело, мягко говоря, лишь весьма приблизительное отношение к реальности.

Загадочный газ, ставший главным виновником гибели людей при «освобождении» заложников, тем более заслуживает отдельного упоминания, что по сведениям «Новой газеты», вопреки официальной версии, на Дубровке использовалось не средство на основе фентанила, от которого и вводился антидот, а другой ингаляционный анестетик – фторотан, который на Западе называют галатаном. Применение этого средства требует крайне тщательного контроля, так как он легко из хирургической стадии наркоза переводит человека в стадию наркоза, когда наступает резкое угнетение дыхания, приводящее к его остановке и смерти человека. По словам медицинского эксперта газеты, «по всей видимости, те, кто принимал решение об использовании фторотана, впечатлились его достоинствами: не воспламеняется, не горит, не взрывается в отличие от того же эфира»[44].

Многое возможно объясняется тем не афишируемым фактом, что Путин якобы лично руководил операцией по освобождению заложников «Норд-Оста». Как в этих условиях не обвинить во всех смертных грехах «качающих права» родных и близких погибших? Как не приукрасить случившееся?

Ещё более чудовищный террористический акт – захват 1 сентября 2004 года школы в Беслане, где, вопреки первоначальной официальной информации, согласно которой в школе находилось 354 заложника, по сведениям независимых источников была тысяча двести человек. По первоначальной официальной версии погибло более 390 человек. Утверждается, что власти не включили 350 неопознанных частей тел погибших в число жертв. По официальным сведениям было госпитализи-

---

44   Вячеслав Измайлов. Не воспламеняется, не горит, не взрывается // *Новая газета*, № 82 от 30 октября 2006 г.

ровано 700 бывших заложников. Более 200 человек (называется и цифра 260) считается пропавшими без вести. Простите, как это – без вести!?

И ещё одна циничная ложь: штурм школы при помощи танков и огнемётов, которого по первоначальной официальной версии якобы не было. Спасение заложников? Кто же их спасает при помощи неизбирательного оружия? Спасибо бесланцам, которые вынудили власти признать этот факт, иначе и он был бы скрыт. Не раскрыто другое: кто отдал этот преступный приказ? Догадаться не трудно: тот, кому было выгодно. Наверное, столь некомпетентно мог себя повести лишь человек крайне циничный и наделённый огромной властью.

Этот террористический акт Путин использовал для дальнейшего задавливания демократии и крайнего ужесточения словесной оболочки свой политики. А первичность слова в политических игрищах, особенно в политиканстве, по-моему, сомнений ни у кого вызывать не может. Президент Путин откликнулся на происшедшее крайне резким заявлением, сведя причины происшедшего к «слабости» («А слабых бьют», – с какой-то дворово-хулиганской логикой пояснил глава государства). Главное же – Путин охарактеризовал захват школы в Беслане как «нападение на Россию». По Путину, терроризм – это инструмент для того, чтобы от России «оторвать куски пожирнее». Россия столкнулась с «тотальной, жестокой и полномасштабной войной». Вывод: необходимо укрепление власти. (Для этого президент в чекистских погонах отменил прямые выборы губернаторов). И вовсе алогично его утверждение о том, что к Чечне этот террористический акт отношения не имел.

Зачем надо было убивать Аслана Масхадова, этого наиболее умеренного и единственного по-настоящему легитимного чеченского лидера? Чтобы не с кем было садиться за стол переговоров? И почему, спустя много лет после объявленного победного завершения «антитеррористической операции» тот же Шамиль Басаев многие годы оставался настолько «неуловимым», что возникал вопрос о том, не было ли у него некой охранной грамоты. Потом, согласно победной реляции, он якобы был убит, но никто достоверно подтвердить этого так и не смог.

Почему Путин, предпочитающий не задумываясь жертвовать жизнями сотен своих «подданных» лишь бы не «садиться за стол переговоров с террористами», с удовольствием (и к ужасу всего цивилизованного мира) *лично* пригласил в Москву ХАМАС? Более щедрого подарка подлинным международным террористам, более ничем не прикрытых двойных стандартов невозможно себе представить.

Известно: посеешь ветер, пожнёшь бурю...

И ещё одна истина, известная со времён великого Франсиско Гойи: сон разума рождает чудовищ. А затянувшийся сон разума российского государства не вызывает сомнений. Иначе невозможно объяснить ни обе чеченские войны, так или иначе породившие терроризм в России в его нынешнем виде, ни настоящую клептоманию высших российских должностных лиц, ворующих сами у себя своё собственное будущее, ни другие российские реалии.

Потенциал терроризма в российской внешней и внутренней политике отнюдь не исчерпан. Ещё будут террористические акты, от которых будет содрогаться мир, а российская власть – получать дивиденды.

Устранение неугодных

Одна из проблем неправедных государств заключается в том, что им (зачастую в лице конкретных людей и того, что они сотворили) необходимо многое скрывать. А это тайное порой становится явным. Другая проблема – недопущение действий и информации, наносящих вред этой неправедности и её носителям. В идеальном тоталитарном государстве, коим был СССР в сталинские времена, с «врагами» расправлялись быстро и беспроблемно. Впрочем, и у Сталина поначалу возникали сложности: для того, чтобы избавиться от популярного военачальника Фрунзе, ему потребовалось инициировать хирургическую операцию командарма с заранее предрешённым летальным исходом.

В послесталинский период от неугодных избавлялись более разнообразно и изобретательно: помимо видоизменённой и даже усовершенствованной статьи 58-10 сталинского уголовного кодекса, в ход пошли карательная психиатрия, статья о «тунеядстве», которая позволяла привлекать к уголовной ответственности безработных и тех, кого считала таковыми власть, произвольные высылки за границу, лишение гражданства.

В постперестроечной России сложилась весьма своеобразная ситуация. Существовавшие в СССР инструменты подавления инакомыслия, наказания инакомыслящих и принуждения населения к единомыслию были ликвидированы. В то же время, разворовывание всего, что можно и что нельзя после распада СССР, острейшая политическая борьба, в которой были дозволены все приёмы, и многие другие факторы сделали логически закономерным устранение неугодных государству или отдельным личностям, в том числе и физическое.

Первой жертвой громкого политического убийства стал журналист Дмитрий Холодов, работавший для популярной и весьма скандальной газеты «Московский комсомолец». 17 октября 1994 года он погиб от взрыва в редакции, когда открывал переданный ему «дипломат», якобы содержащий важные документы. По данным следствия, Холодов готовил статью, в которой он собирался рассказать о коррупции в Западной группе войск. Он специализировался на публикациях по положению дел в российской армии, остро критиковал её руководство. В частности, Холодов расследовал финансовые и другие злоупотребления в Западной группе войск и должен был вскоре выступить на парламентских слушаниях по этому вопросу.

Если ликвидация Дмитрия Холодова скорее всего преследовала цель скрыть факты хищений военного имущества и причастность к ней тех или иных должностных лиц, иначе обстояло дело с убитыми оппозиционными депутатами Государственной Думы России. Генерал Лев Рохлин, который резко выступал против положения, сложившегося в России и, особенно, в армии, и требовал отставки президента Б. Ельцина, был убит в ночь на 3 июля 1998 года. В убийстве была обвинена его позже оправданная вдова.

Один из ведущих российских демократических деятелей и правозащитников Галина Старовойтова, в 1996 году выдвинутая инициативной группой избирателей кандидатом на пост президента РФ (Центризбирком отказал Старовойтовой в регистрации) была застрелена в подъезде своего дома в Санкт-Петербурге в ночь с 20 на 21 ноября 1998 года. С января 1996 года она была членом Комитета Государственной Думы по делам общественных объединений и религиозных организаций. В апреле 1998 года стала председателем федеральной партии «Демократическая Россия». Возглавляла объединение «Северная столица», готовившееся к выборам в Законодательное Собрание Санкт-Петербурга в декабре 1998 года.

21 августа 2002 года был убит один из пяти сопредседателей первоначально созданной Борисом Березовским и позже взбунтовавшейся против него оппозиционной В. Путину партии «Либеральная Россия» Владимир Головлев. В показаниях, которые Владимир Головлев дал

прокуратуре Челябинской области по поводу проведённой в этой области приватизации, он заявлял, что к этому причастны некоторые известные люди. Среди них он назвал, в частности, Анатолия Чубайса и Виктора Христенко. СМИ сообщали, что всего было названо около 50 фамилий, включая всё руководство Челябинской области в 90-х годах и ряд высоких кремлевских чиновников.

Сергей Юшенков – друг и соратник убитых ранее депутатов Владимира Головлева и Галины Старовойтовой, а также лидера российских правозащитников Сергея Ковалёва – был застрелен четырьмя выстрелами 17 апреля 2003 года. Следствие не исключало, что убийства двух депутатов Государственной Думы, лидеров «Либеральной России» Сергея Юшенкова и Владимира Головлева взаимосвязаны. Убийство было совершено в день, когда партия «Либеральная Россия», одним из лидеров которой он являлся, официально объявила о завершении ее регистрации Минюстом и сообщила о том, что полностью готова к выборам. Сергей Юшенков заявил, что В. Путин пришёл к власти в результате государственного переворота и обвинял спецслужбы в причастности взрывов жилых домов в Москве и в Волгодонске осенью 1999 года.

Ещё одна смерть, которая больше всего походит на политическое убийство: 3 июля того же 2003 года от внезапной и скоротечной болезни умер зампредседателя Комитета Госдумы по безопасности, заместитель главного редактора оппозиционной «Новой газеты» Юрий Щекочихин. По официальной версии, причиной стала очень редкая острая аллергическая реакция, хотя Щекочихин никогда не страдал аллергией. «Новая газета» 19 июня 2006 года опубликовала статью, в которой говорилось: «Внезапная и скорая смерть Юрия Щекочихина по-прежнему вызывает вопросы, к сожалению, все те же, которые мы задавали два года назад:

1.   Есть заключение о смерти и официальный диагноз – «Синдром Лайелла» – это довольно редкий аллергический синдром, поражающий иммунную систему и внутренние органы. Однако неясно: что представляет собой «агент», то есть вещество или токсин, который вызвал болезнь Щекочихина?

2.   До сих пор непонятно, почему заключение о смерти не выдали даже родственникам, сославшись на врачебную тайну.

3.   Почему некоторые из врачей, которые занимались Щекочихиным, неофициально и вполголоса говорили о том, что он отравлен? По

странному совпадению, никто из них больше не работает в Центральной клинической больнице.

4. В чем причина отказа предоставить материал для независимой экспертизы, которую считали уместной родственники Юрия Щекочихина?

5. В заключении о смерти говорится о трех анализах крови, взятых у Щекочихина перед смертью, но приведены данные только двух. Где результаты третьего исследования, которое производили ведомственные медики МВД? По имеющейся у нас предварительной и неофициальной информации, пробы крови поступили в распоряжение лаборатории ФСБ.

Мы со своей стороны провели при помощи зарубежных специалистов независимую экспертизу. Однако было слишком мало необходимого материала, чтобы сделать однозначные выводы. Эксперты сходились лишь в одном: официальное заключение о смерти вызывает больше вопросов, чем дает ответов».

Комментарии к этому тексту, как говорится, излишни.

Всё это – широко известные, хотя и подзабытые факты. Но сколько неугодных политиков и журналистов было убито, избито, затерроризировано, запугано по стране, никто не знает. Практически незамеченным осталось исчезновение с экранов телевидения и из газетных публикаций выдающегося российского правозащитника Сергея Ковалёва, на телевидении больше нельзя увидеть лидеров и активистов оппозиции. Мало кто в курсе, или кто обратил внимание на случаи утечки информации о существовании некоторых любопытных документов[45].

---

45   Например, в августе 2000 года прошел государственную регистрацию в Минюсте, а значит, вступил в законную силу, подписанный ранее министром связи Леонидом Рейманом приказ № 130 «О порядке внедрения системы технических средств по обеспечению оперативно-розыскных мероприятий на сетях телефонной, подвижной и беспроводной связи и персонального радиовызова общего пользования». Опубликовавшая этот факт газета «Сегодня» утверждает, что в соответствии с данным документом все интернет-провайдеры, равно как и операторы телефонной, сотовой и пейджинговой связи, обязаны составить и согласовать с ФСБ план мероприятий по установке прослушивающей аппаратуры - для начала открыть спецслужбам все ключи доступа, затем за свой счет установить на сетях прослушивающую аппаратуру, сдать ее ФСБ в эксплуатацию и научить разведчиков ею пользоваться. Особо оговаривается,   что   эти   работы   должны   вестись   в   режиме   секретности.«Информация об абонентах, в отношении которых проводятся оперативно-розыскные мероприятия, а также решения, на основании которых проводятся оперативно-розыскные мероприятия, операторам связи не предостав

Новую страницу в своей истории кремлёвские каратели открыли 13 февраля 2004 года, когда в Катаре при взрыве заминированного автомобиля погиб бывший вице-президент Чечни Зелимхан Яндарбиев. Вскоре катарские спецслужбы арестовали в Дохе троих российских граждан, которые находились в Катаре в командировке, предъявив им обвинение в умышленном убийстве Яндарбиева, причём один из них являлся сотрудником российского посольства и, соответственно, был отпущен. Не пользующихся дипломатическим иммунитетом арестованных катарский суд приговорил к пожизненному заключению.

Российские власти подозревались в многократных покушениях на президента Грузии Эдуарда Шеварднадзе. Эта версия тем более заслуживает внимания, что, как уже отмечалось выше, российская политика была направлена на отделение от Грузии Абхазии и Южной Осетии, а также существовала личная неприязнь президента Ельцина к Эдуарду Шеварднадзе. (Многочисленные заявления и мнения о симпатии Ельцина к Шеварднадзе по сведениям автора являются ошибочными).

Россия называется в качестве главного подозреваемого в покушении на убийство кандидата в президенты Украины Виктора Ющенко, госпитализированного во время избирательной кампании в сентябре 2004 года. Врачи пришли к выводу, что он был отравлен диоксином. Эта версия также не может быть оставлена без внимания с учётом антипатии Кремля к этому украинскому политику и сделанной Москвой ставки на его политического противника Виктора Януковича.

Осень 2006 года не получается охарактеризовать более мягко, чем вакханалию демонстративных политических убийств. 7 октября в подъезде своего дома была застрелена известная оппозиционная журналистка Анна Политковская. Практически сразу Путин цинично заявил, что это убийство принесло больше вреда, чем её деятельность. Вред же Политковская, по мнению Путина, скорее всего, приносила тем, что открыто и бесстрашно его критиковала, что писала правду о войне в Чечне.

При расследовании этого преступления началась мистика. Например, камеры зафиксировали машину, на которой приехали убийцы, рядом с домом, но регистрационных номеров нигде видно не было. Стали

ляются», – говорится в приказе. Такая формулировка дает спецслужбам практически неограниченные возможности для прослушивания всех и вся. (*Сегодня*, 22.08.00).

устанавливать номера по другим камерам: тоже всё было размыто. Судебная экспертиза не помогла. Машину, на которой приехал убийца, всё-таки удалось установить. Дальше выяснилось, что за некоторое время до смерти журналистки подполковник ФСБ Павел Рягузов пробил адрес Политковской по базе данных ФСБ и сразу позвонил своему давнему знакомому бывшему главе Ачхой-Мартановского района, верному федералу Шамилю Бураеву. Когда выяснилось, что адрес – старый, была задействована милицейская «наружка», чтобы установить новый. Таким образом, за Политковской следили две группы наружнего наблюдения: одна – киллерская, другая – которая отвечала за «наружку» и «пробивку».

23 ноября 2006 года в больнице Университетского колледжа Лондона на 44-м году жизни скончался бывший офицер ФСБ РФ Александр Литвиненко, бежавший в 2000 году в Великобританию и получивший в октябре 2006 года британский паспорт. В его организме было найдено значительное количество радиоактивного элемента полоний-210 – вещества редкого, находящегося на строжайшем учёте в немногих странах, которые его вырабатывают, в том числе, в России. Английские врачи и полицейские расстроили Москву, не только обнаружив полоний-210 в организме Литвиненко, но и установив место, где он был отравлен, личности предполагаемых отравителей (бывшие офицеры российских спецслужб Дмитрий Ковтун и Андрей Луговой), а также пострадавших, включая бармена, который подавал отравленный чай. Следы значительного загрязнения были зафиксированы в Pine Bar, где 1 ноября Александра Литвиненко встречался с Дмитрием Ковтуном и Андреем Луговым, в суши-баре Itsu – в месте их встречи 16 октября, на диване в офисе Березовского на Down Street, где сидел Луговой, который незадолго до 1 ноября посетил офис Березовского, в гостиницах, где Ковтун и Луговой останавливались 16, 17 и 25 октября, а также 1 ноября.

Выдвижение в разной форме Россией всяких неправдоподобных версий убийства (например, что Литвиненко торговал полонием и не умел с ним обращаться, что он покончил жизнь самоубийством, чтобы досадить Путину, что его отравил собственный друг и покровитель, опальный Борис Березовский), едва скрываемое нежелание российских следственных органов сотрудничать с англичанами, категорический отказ выдать английскому правосудию основного подозреваемого Андрея Лугового, который был превращён чуть ли не в национального героя и избран депутатом Думы, являются достаточно выразительными иллюстрациями к происшедшему.

Примечательно также созвучие комментариев руководителями страны убийств Политковской и Литвиненко: Политковскую Путин назвал ничтожеством, Литвиненко Сергей Иванов – ничем.

Вскоре ситуация приобрела вовсе кафкианский характер: 24 ноября, то есть на следующий день после гибели Александра Литвиненко, на научной конференции в Дублине почувствовал резкое ухудшение самочувствия и был доставлен в больницу с признаками отравления глава первого ельцинского правительства Егор Гайдар. В результате обследования ирландские медики зафиксировали у пациента радикальные изменения в важнейших функциях организма в короткий срок, однако причину этих изменений установить не смогли, следов радиации в организме Гайдара и посещенных им местах обнаружено не было. Врачи также не смогли поставить диагноз «отравление», так как конкретное токсическое вещество, которое воздействовало на организм Гайдара, выявлено не было. Расследованием происшествия занялась ирландская и британская полиция. Очевидно не на шутку напуганный происшедшим, Егор Гайдар обвинил в происшедшем с ним «явных или скрытых противников российских властей, тех, кто заинтересован в дальнейшем радикальном ухудшении отношений России с Западом». Тот факт, что улучшение у Гайдара наступило в московской больнице и сопровождалось таким, мягко говоря, нестандартным и неожиданным для российской и международной общественности заявлением, полностью совпадающим с официальной позицией, гласящий, что и Литвиненко отравили пресловутые «враги России», не может не вызвать серьёзных вопросов. Автор политических триллеров мог бы, например, изложить эту ситуацию, как шантаж известного российского политика: антидот в обмен на такое заявление.

Безнаказанность убийц (даже в тех случаях, когда кому-то выдвигались обвинения, улики были, как минимум, не бесспорными) анонимность заказчиков преступлений – фирменный знак политических убийств в России.

И всё-таки завеса таинственности изредка приподнимается: иногда, как это было с убийством Александра Литвиненко и Зелимхана Яндорбиева, благодаря зарубежным спецслужбам, иногда благодаря журналистам. Так, например, в сенсационной статье Игоря Королькова[46], опубликованной оппозиционной «Новой газетой», в которой работали и Юрий Щекотихин, и Анна Политковская, говорится, что в России созданы преступные группы, работающие под руководством спецслужб и министерства внутренних дел России. Их задача – внесудебная ликвидация неугодных. Расследования их преступлений тормозилось, уголовные дела разваливались. Свидетели, готовые дать показания о причастности к этой деятельности ГРУ, устранялись. Одна из банд была создана из досрочно выпущенных из тюрем матёрых преступников, которых вооружили для того, чтобы они помогали перераспределять собственность.

На эти организации следствие вывело убийство журналиста Холодова, о котором говорилось выше. Под подозрение попали военнослужащие 45-го полка ВДВ, принадлежавшего ГРУ. В суде выяснилось, что офицеров ГРУ использовали в спецоперациях в Абхазии, Приднестровье, Чечне, где они физически устраняли лиц, на которых им указывали.

Один из обвинявшихся офицеров в своё время подложил магнитную мину под автомобиль тогдашнего заместителя министра финансов России Вавилова; по счастливой случайности замминистра остался жив.

Изучая дело Холодова, следствие, кроме ГРУ, вышло на ГУБОП МВД.

Здесь самое время вернуться к серии терактов в Москве в середине 90-х годов, то есть во времена президентства Ельцина. Массовым сознанием овладела мысль о хорошо скоординированной атаке боевиков на Москву. Однако, как выяснило следствие, а позже доказал суд, автобус на ВДНХ взорвали не чеченские боевики, а бывший полковник КГБ. Железнодорожный мост через Яузу тоже пытался взорвать бывший офицер ФСБ. Оба бывших сотрудника спецслужб имели непосредственное отношение к банде Максима Лазовского. Как минимум восемь человек действующих офицеров ФСБ работали в тесном контакте с бандой. Это установил начальник 12-го отдела МУРа подполковник милиции Владимир Цхай. Как только стало ясно, что Петровка не выпустит добычу из рук, Лазовского и его ближайших подручных уничтожили. Трезвенник Цхай скончался от цирроза печени, что послужило основанием для уверенности знавших его людей, что его отравили.

---

46   Игорь Корольков. Запасные органы. Спецслужбы создали параллельные структуры для исполнения внесудебных приговоров // *Новая газета*, 11 января 2007 года.

В распоряжении «Новой газеты» оказался документ, судя по, некоторым признакам, представляющий собой секретную инструкцию. В нём говорится: «На стадии реализации оперативных материалов возможно подключение и *нейтрализация бандформирований оперативно-боевыми методами*». И далее: «Создается совершенно секретное спецподразделение... Кроме центрального подразделения, целесообразно создание региональных оперативно-боевых групп...». Организационной формой этой нелегальной структуры «может являться частное детективное, охранное предприятие. *Руководитель предприятия и основная часть сотрудников... лица, уволенные из оперативных служб МВД, ФСБ, СВР, ГРУ ГШ РА*». «С целью прикрытия данной разведывательной и оперативно-боевой деятельности... *представляется целесообразным создание общественной организации, например «Ассоциации ветеранов спецназа России»*, и т.д. «На базе таких структур *возможно создание постоянно действующих лжебанд*, которые вступают в плотный оперативный контакт непосредственно с ОПГ бандитской направленности и ОПГ, специализирующихся на заказных убийствах и терактах...». «Для более качественного зашифрования нелегальных сотрудников, участвующих в проведении оперативных комбинаций по кратковременному легендированному проникновению в преступную среду, и повышения уровня обеспечения их безопасности возникает настоятельная необходимость организации *в регионах и центре фиктивной воинской части со всеми атрибутами*». «*В случаях крайней необходимости... может использоваться структурное подразделение нелегальной разведки – спецназ... для нейтрализации или физической ликвидации руководителей и активных членов террористических, разведывательно-диверсионных групп, ведущих войну с федеральной властью. Физическая ликвидация может осуществляться*... только лиц, приговоренных российскими судебными органами к высшей мере наказания – смертной казни *или с целью предотвращения тяжких последствий* (курсив мой – А.К.), также на основании существующих законов Российской Федерации...».

Таким образом, по мнению «Новой газеты», в России выстроена целостная система из спецслужб именно для внесудебных расправ. Это документ по сведениям «Новой газеты» был подписан одним из тогдашних руководителей ГУБОПа Героем России полковником Селиверстовым и основан на секретном постановлении правительства, к созданию которого имеет отношение первый заместитель премьер-министра страны в самом начале 90-х Юрий Скоков.

По мнению «Новой газеты» эту деятельность координировало совершенно секретное даже для этой организации подразделение ФСБ, созданное в начале 1990-х годов – Управление разработки преступных организаций (УРПО), – которое возглавил генерал Евгений Хохольков. Это подразделение насчитывало 150 человек, в задачу которых входило внедрение секретных сотрудников в преступную среду. Об этом сугубо засекреченном подразделении стало известно из пресс-конференции его пяти сотрудников в 1998 году, которые рассказали о том, что оно занимается внесудебными расправами. В частности, сотрудники утверждали: руководство управления вынашивало планы физического устранения Бориса Березовского. После этой пресс-конференции управление в срочном порядке расформировали, а тогдашнего директора ФСБ Ковалёва отправили в отставку, – констатирует газета.

Согласно «Новой газете» технология внесудебных расправ в совершенстве отработана в Чечне. Там захваченных допрашивают с применением пыток, затем вывозят в безлюдное место, «складируют» по 3-5 человек и подрывают мощным зарядом. От трупов не остается и следа – они распыляются в пространстве[47].

В результате такой деятельности преступность была поставлена на принципиально новый не только организационный, но и политический уровень. В стране произошел ряд убийств, признаки которых прямо или косвенно указывают на то, что они совершены специалистами, прошедшими школу спецслужб. Объекты устранения – лица публичные либо люди, чьи возможности и влияние широко не афишировались, но позиция которых оказывала значительное влияние на определенный круг бизнесменов и политиков, или представляли угрозу своей осведомленностью о финансовых аферах крупных государственных чиновников. В этих преступлениях на всевозможные Ассоциации ветеранов органов указывает несколько обстоятельств: способ убийства и поведение следственных органов при расследовании преступления. Например, в статье упоминается загадочная смерть известного банкира Ивана Кивилиди, убитого эксклюзивным отравляющим веществом нервно-паралитического действия типа зарин, заложенном в телефонную трубку банкира, которое мог установить только специалист, работающий с по-

---

47   Автор по-прежнему следует данной публикации.

добными веществами в лаборатории. Вычислить, кто именно это сделал, по мнению «Новой газеты», не составляет большого труда: лабораторий, в которых могут работать с такими отравляющими веществами, всего несколько, люди, имеющие к ним доступ, наперечет. Однако, этого не происходит

Еще одно загадочное убийство – руководителя частного охранного предприятия из Санкт-Петербурга Романа Цепова, человека очень богатого и обладавшего почти неограниченными возможностями благодаря дружеским связям с первыми лицами государства. Цепов собирал дань с коммерческих структур Санкт-Петербурга, прежде всего с казино, и лично доставлял одному высокопоставленному чиновнику в ФСБ в Москве. По сведениям автора публикации Цепов «был замком на финансовом кошельке» важного государственного лица. По мнению врачей, Цепов мог погибнуть оттого, что в его организм ввели смертельную дозу колхицида — препарата, которым лечат лейкемию. В прокуратуре Санкт-Петербурга дали знать, что экспертиза установила причину смерти Цепова: его отравили радиоактивным элементом. В его организме доза радиации превышала допустимую в миллион раз[48].

31 августа 2008 года владелец оппозиционного сайта «Ингушетия.ру» Магомет Евлоев, прилетевший в одном самолете с президентом Ингушетии Муратом Зязиковым и по некоторым сведениям имевший с ним ссору в самолёте, в ингушском аэропорту Магас был снят прямо с трапа самолета сотрудниками правоохранительных органов и в машине, куда его насильно усадили, убит «непроизвольным выстрелом из пистолета одного из милиционеров» .

Днем 19 января 2009 года в центре Москвы после пресс-конференции в Независимом пресс-центре выстрелом из пистолета с глушителем был убит известный и весьма неудобный для властей адвокат Станислав Маркелов, участвовавший в ряде громких дел. На пресс-конференции он заявил о своём желании оспорить незаконное, по его мнению, условно-досрочное освобождение полковника Юрия Буданова и, при необходимости, обратиться с иском в Международный суд по правам человека в Страсбурге. Журналистка «Новой газеты» Анастасия Бабурова, с которой они вышли из пресс-центра, бросилась на убийцу и была им застрелена.

---

48   Там же.

С учётом того, что Станислав Маркелов занимался делом Юрия Буданова, об этом персонаже стоит сказать несколько слов.

26 марта 2000 года Буданов отмечал день рождения дочери. Находясь в нетрезвом состоянии, он приказал лейтенанту Роману Багрееву ни много ни мало обстрелять мирное село. Когда лейтенант не подчинился, Буданов вместе со своим заместителем подполковником Иваном Федоровым избили его, после чего полковник приказал экипажу своей БМП взять старшую из дочерей Кунгаевых 18-летнюю Эльзу и отвезти ее в расположение полка. Не выдержав многочасового «допроса» Кунгаева скончалась и была по приказу Буданова, позже осуждённого за похищение, изнасилование и убийство, закопана в лесу. Полковник оправдывался своими якобы имевшимися подозрениями, что Кунгаева являлась снайпером одного из чеченских бандформирований и якобы дала признательные показания, после чего «стала оскорблять полковника, угрожала его дочери, затем пыталась дотянуться до пистолета», после чего во время борьбы он «случайно задушил» её. Впоследствии он стал утверждать, что находился в состоянии аффекта и практически ничего не помнил.

Дальше вновь начинается мистика. Меняются заключения экспертов о вменяемости Буданова. Экспертиза «устанавливает», что Буданов Кунгаеву не насиловал, а над трупом надругался солдат Егоров. Соответственно, обвинения в насилии с Буданова снимаются. Буданов, вопреки результатам судебно-психиатрической экспертизы, направляется на принудительное лечение. Потом, под влиянием общественного мнения Чечни, дело пересматривается и Буданов приговаривается к десяти годам колонии строгого режима, лишению государственных наград и возможности в течение трех лет после освобождения занимать руководящие посты.

Дело Буданова оказывается в центре внимания российской общественности, которая в своём подавляющем большинстве его полностью поддерживает. Буданов становится чуть ли не национальным героем из-за своих преступлений.

В 2004 году Буданов дважды подавал прошения о помиловании (первое, поданное на имя президента России Владимира Путина, вскоре было отозвано). Второе, поданное Будановым в областную комиссию по помилованию, по некоторым сведениям было подписано губернатором Владимиром Шамановым, в прошлом – командующим группировкой войск Министерства обороны РФ в Чечне. Прошение было удовлетворено, после чего комиссия вернула Буданову воинское звание и боевые награды. Однако, после того как участие в этом деле Шаманова получило широкую огласку, разразился скандал, в результате чего прошение о помиловании было отозвано.

С начала 2007 года Буданов неоднократно обращался в суд с просьбой об условно-досрочном освобождении. В декабре 2008 года суд города Димитровграда счел, что Буданов раскаялся в содеянном и полностью искупил свою вину.

Своих мерзавцев власть в беде не бросает...

Немаловажный факт: семья жертвы Буданова Эльзы Кунгаевой переехала в Норвегию и получила там статус беженцев в результате угроз, поступавших в их адрес. После убийства Станислава Маркелова, являвшегося адвокатом семьи, норвежская полиция взяла семью Эльзы Кунгаевой под охрану. В этой связи необходимо пояснить, что получить статус беженца в государствах-членах Европейского союза отнюдь не просто, для этого требуется представить доказательства тому, что желающий получить этот статус действительно подвергается опасности в своей стране. Более того, обеспечение охраны – дело дорогостоящее и трудно себе представить, чтобы норвежские власти пошли на этот шаг, не имея на то весьма веских оснований.

Разумеется, дело Буданова могло использоваться и как прикрытие других целей убийства. Ведь Маркелов, например, был связан с делом «Норд-Оста» (он принимал участие в освобождении Яхи Несерхоевой, подозревавшейся в сотрудничестве с террористами, был адвокатом Анны Политковской и редактора «Химкинской правды» Михаила Бекетова, обвиненного в клевете на главу администрации Химок Владимира Стрельченко (журналист подвергся нападению неизвестных злоумышленников в ноябре 2008 года и был сильно избит). Он работал с потерпевшими по делу об «общепрофилактической операции», проведенной в декабре 2004 года в Благовещенске (Башкирия), жертвами которой стали несколько сотен задержанных, многие из которых были жестоко избиты. Адвокаты основанного и возглавляемого им Института верховенства права активно работали по делу бывшего капитана спецназа ГРУ

Эдуарда Ульмана[49], признанного виновным в убийстве шести мирных жителей Чечни и по делу об убийстве владельца сайта «Ингушетия.ру» Магомеда Евлоева.

В 2004 году Маркелову было сделано своеобразное по общепринятым нормам, но обычное в путинской России «предупреждение»: в московском метро на него напали и избили, а после того, как он потерял сознание, забрали документы и ценные вещи; милиция отказалась возбуждать уголовное дело по факту этого преступления и дело замяли.

После убийства Станислава Маркелова преступник скрылся, причём долгое время следствие якобы не могло найти ни одного свидетеля, ни одного следа. В этой связи необходимо пояснить, что незаметно убить двух человек средь бела дня в центре Москвы, неподалёку от метро и храма Христа Спасителя и от станции метро, просто невозможно.

В результате возникает тот же вопрос, что с убийствами Литвиненко и Политковской: не преследовало ли подчёркнутое демонстративное убийство Станислава Маркелова некую ритуальную функцию? Некоторые аналогии между этими преступлениями буквально вопиют. Во-первых, как уже говорилось, бросается в глаза их демонстративность. Во-вторых, стремление обеспечить безнаказанность убийц. В-третьих, эти убийства должны были дать некий сигнал обществу; наиболее отчётливыми составляющими этого сигнала является предупреждение о недопустимости вмешиваться в определённые дела, неизбежность самого сурового наказания «непослушных» и предоставление безопасности для «своих».

Это – только наиболее скандально-известные случаи. В действительности их во много раз больше. Сказанное отнюдь не означает, что все без исключения приведённые выше случаи стали результатом деятельности высшей государственной власти. Другое дело, что она сделала их возможными. Кроме того, даже сами подозрения о такой причастности о многом говорят. Тем более что картина получается мрачная – настоящая вакханалия убийств неугодных была подготовлена при Ельцине, а всерьёз началась в период президентства Путина.

---

49 Ещё один пример, как защищают «своих»: Ульман как будто бесследно растворился в воздухе. Другой говорящий сам за себя момент: суд присяжных оправдал этого убийцу.

***

Убийства – наиболее действенный и эффектный вариант устранения идущих наперекор властям. Но есть и другие возможности. Например, сделать человеческую жизнь непереносимой.

Сначала своего правления Путин был не достаточно эффективен в искусстве ликвидации тех, кто стоял на его дороге. Наивными людьми его лозунг «равной удалённости олигархов» трактовался в качестве зарока не использовать каких-либо олигархов в качестве своего «кошелька». На практике оказалось, что такая трактовка не имела ничего общего с действительностью: выступавший против его избрания Владимир Гусинский был лишён своей медиа-империи в России, приведший Путина к власти Борис Березовский был вынужден вследствие этой своей роковой для страны ошибки бежать в Лондон, также лишившись значительной доли своего богатства. Эти «олигархи» были «равноудалены» от влияния на российскую политику, а «кошельками» стали другие «олигархи». Впрочем, с Березовским Путин просчитался: если Гусинский попритих, то Березовский не простил своего бывшего выдвиженца и занялся активной оппозиционной деятельностью путинскому режиму.

Ещё одна «осечка» раннего Путина – похищение спецслужбами журналиста радио «Свобода» Андрея Бабицкого, который выступал с резкой критикой российской политики в Чечне, и манипулирование им. Бабицкий был задержан российскими спецслужбами якобы за то, что у него не было необходимых документов. Инсценировка обмена журналиста, как утверждалось, по его воле, на трёх российских солдат, якобы захваченных в плен несуществующим чеченским полевым командиром, была неубедительна. Освобождения А.Бабицкого удалось добиться исключительно благодаря активной позиции, занятой российскими и зарубежными журналистами. Существуют не лишённые оснований подозрения, что в случае, если бы журналистское сообщество заняло более пассивную позицию, Бабицкий был бы уничтожен.

Но Путин умеет чему-то учиться. В феврале 2003 года в Кремле на его встрече с ведущими российским бизнесменами президент России спросил: «Господин Ходорковский, вы уверены, что находитесь в ладах с налоговым ведомством?» – «Абсолютно!», – ответил хозяин крупнейшей российской нефтяной компании ЮКОС и один из самых богатых людей в России. «Ну что ж, посмотрим», – многозначительно промолвил Владимир Путин. В результате 25 октября 2003 года молодой «олигарх», не скрывающий своих президентских амбиций и поддерживающий либеральные партии, был арестован. До этого был арестован председатель совета директоров МФО «Менатеп» Платон Лебедев[50]. Смысл обвинений против Ходорковского сводился к тому, что он создал организованную преступную группировку (видимо, под ней подразумевались его сотрудники и партнёры по бизнесу) для ухода от налогов и прочих неблаговидных дел. (Список бесконечных пунктов обвинения слишком длинен и без подробной расшифровки не представляет большого интереса).

Вряд ли у кого-либо может вызвать хоть малейшие сомнения, что ЮКОС стремился к оптимизации своих налогов, тем более, что действовавшее на момент совершения этих «преступлений» законодательство давало такую возможность. Не исключено, что Ходорковский и кто-то из его окружения совершил нечто противоправное. Смущает другое – такой или подобной деятельностью занимались практически все российские предприниматели, покаран же был только Ходорковский и его ЮКОС. Ни у кого из непредвзятых наблюдателей не вызвало сомнений, что основной причиной тому стали опасения Кремля его президентских амбиций. Выборочность правосудия уже сама по себе есть его неправомочность.

Суд, как ему и было приказано, осудил Ходорковского на девять лет лагерей и 20 октября 2005 года стало известно, что он доставлен для отбывания наказания в исправительно-трудовую колонию общего режима номер 10 (старое название ЯГ-14/10), которая была образована в декабре 1967 года вскоре после того, когда рядом было открыто Стрельцовское урановое месторождение. Заключенные участвовали в строительстве Приаргунского горно-химического комбината по добыче и переработке ураносодержащей руды. Силами осужденных возводилась в основном инфраструктура этого предприятия. После завершения строительства «объект» был объявлен закрытым, и в настоящее время, по официальным данным, заключенные в урановых шахтах и карьерах не работают. По некоторым сведениям заключенные обычно не выдерживают более 5 лет отбывания наказания в колонии ИК-10» (при том, что средняя продолжительность жизни в Краснокаменске составляет 42 года). Средняя температура января колеблется от -26 до -33 градусов, июля от +17 до +21. Для того, чтобы Ходорковский не мог претендовать

---

50 Арест сотрудника внутренней безопасности ЮКОСа Алексея Пичугина стоит в этой истории несколько особняком, поэтому выносится за скобки.

на досрочное освобождение, его регулярно помещали в штрафной изолятор. Но и всего этого власти показалось недостаточным.

Зимой 2007 года разразился скандал: 27 декабря проведший всего пять дней в должности исполнительного вице-президента «ЮКОСа» и арестованный 6 апреля 2006 года Василий Алексанян выступил с официальным заявлением, в котором обвинил следствие в оказание давления на него через отказ в предоставлении медицинской помощи. Состояние почти ослепшего, больного раком и СПИДом Алексаняна было признано «удовлетворительным», а он сам — «пригодным к дальнейшим следственным действиям». В чём же заключались следственные действия» в отношении этого смертельно больного и неимоверно страдающего человека? Оказывается, всё было очень просто: Алексаняну отказывали в медицинской помощи, потому что он не согласился давать показания против Михаила Ходорковского и Платона Лебедева в обмен на изменение меры пресечения по состоянию здоровья, то есть, по словам Алексаняна, «фактически в обмен на жизнь». Когда Алексанян заявил, что ему неизвестно ни о каких преступлениях, совершенных в «ЮКОСе» или его сотрудниками, и отказался давать показания, ему, по его словам, стали ухудшать условия содержания, отказывали в болеутоляющих лекарствах и держали в камерах с температурой всего в два-три градуса выше нуля, так что ему целый год приходилось спать в верхней одежде.

Под давлением общественности 8 февраля Василия Алексаняна всё-таки перевели в специализированную клинику, а процесс по его делу был приостановлен. Но и это власть сделала с особым цинизмом: Алексаняна приковывали к кровати, не позволяли ему принимать душ, не разрешали ему свидания с родственниками.

В полном согласии с советской традицией использования высшего образования для воспитания единомыслия, в январе 2009 года ГУВД Москвы направило руководству Государственного университета – Высшей школы экономики письмо с рекомендацией рассмотреть целесообразность дальнейшего обучения студентов, принимавших участие в «Марше несогласных» в конце 2008 года. Аналогичные письма получили ещё несколько ВУЗов. Эта история получила огласку. ГУВД Москвы прореагировало на разразившийся скандал стандартно для таких ситуаций: первый заместитель начальника ГУВД генерал-майор Александр Иванов, чья подпись стоит под письмом, по всей видимости, подписал подготовленные кем-то письма, которые ему принесли, не оценив их общественную значимость, так что не стоит на это обращать внимание.

Разумеется, российские власти не оставляли своим избыточно навязчивым вниманием журналистов. Например, 16 декабря 2007 года российские пограничники отказали во въезде в Россию корреспонденту журнала «The New Times» и в прошлом пресс-секретарю оппозиционной коалиции «Другая Россия» Наталье Морарь, объяснив это тем, что она «представляет угрозу для национальной безопасности страны». Наталье Морарь пришлось вылететь в Молдавию, так как она является гражданкой этой страны. Второй раз Наталья Морарь не была допущена на территорию России 27 февраля, несмотря на то, что, будучи замужем за российским гражданином, она должна была получить вид на жительство. Отказ журналистки вылететь первым же рейсом в Молдавию встретил вполне предсказуемую реакцию пограничников: ей отказали в бумаге для написания заявлений, доступа в комнату с электрической розеткой, где она могла бы подзарядить свой сотовый телефон, передача ей воды и пищи была запрещена. Субстантивного ответа на вопрос о причинах отказа во въезде с Россию она не получила.

Возродился и такой страшный инструмент борьбы с инакомыслием, как карательная психиатрия, с таким трудом ликвидированная во времена Горбачёва. Как это всегда было с карательной психиатрией, известных случаев немного.

Среди них принудительная госпитализация активного члена мурманского отделения общероссийского общественного движения в защиту демократических свобод «Объединенный гражданский фронт» (ОГФ) Ларисы Арап, которая 5 июля 2007 г. пришла в поликлинику Североморска, чтобы получить копию заключения медицинской комиссии для получения водительских прав. Врач поликлиники Ольга Ракишь, получив утвердительный ответ на вопрос, является ли Лариса автором статьи «Дурдом», в которой рассказывалось о том, как в областной психиатрической больнице лечат детей, в отношении которых персонал больницы часто проявляет насилие, которое граничит с пытками (в частности, используя электрошок), попросила ее подождать в коридоре, вызвав тем временем милицию и санитаров, которые отвезли Арап в Мурманскую психиатрическую больницу. В знак протеста Арап объявила голодовку. 18 июля состоялся суд, который определил, что с целью защиты здоровья Ларисы Арап ей необходимо провести принудительное лечение. После этого активистке ОГФ без ее согласия начали вводить психотропные препараты. По словам Араповой, в психиатрической больнице её избивали и над ней издевались. Она была выписана только через полтора месяца благодаря давлению правозащитников и при содействии уполномоченного по правам человека Владимира Лукина.

В марте 2009 года на принудительное психиатрическое лечение был помещён задержанный милицией по непонятным причинам создатель популярной интернет-группы «Галина Старовойтова, ваши идеи живы» Вадим Чарушев. Он даже удостоился выездной сессии суда, который провёл своё заседание в психиатрической больнице.

Другой пример злоупотребления психиатрией в политических целях – автор ряда статей о нарушениях прав человека в Чечне журналист Евгений Новожилов, который в 2001 году на семь месяцев был помещен в психиатрическую лечебницу. По словам журналиста, после выхода из клиники, когда он продолжил освещать чеченскую проблематику, ему начали угрожать представители спецслужб. В конечном итоге, ему пришлось стать политическим беженцем в Польше[51].

Порой преследования неугодных походят на непристойные анекдоты. Весной 2010 года прославилась некая девочка Катя Герасимова. Казалось бы, она не совершила ничего особенного, просто переспала с кем-то из оппозиционеров. И отнюдь не потому, что эти мужчины ей понравились, а под запись скрытых камер. Запись была размещена в Интернете, причём съемки, по мнению «фигурантов», велись профессионально. Отсутствие реакции на грубое нарушение действующего законодательства со стороны правоохранительных органов позволяет с большой долей уверенности предполагать, что государство принимало в этом самое непосредственное участие. Среди главных действующих лиц Катиного эротического видео оказался популярный писатель и журналист Виктор Шендерович, который не только высмеял неэффективность многолетней операции спецслужб, проводимой против него и единственным результатом которой стало доказательство того, что он переспал с Катей, но и привлёк внимание общественности к тому, что государственные чиновники на деньги налогоплательщиков занимаются вторжением в личную жизнь и шантажом, что является уголовно наказуемыми деяниями. По словам Шендеровича, «государство впрямую, в открытую... вторгается в частную жизнь граждан!.. Важный момент в

---

51 http://www.grani.ru/War/Chechnya/m.156342.html.

том, что список (тех, на кого давят подобным образом – А.К.), по моим сведениям, довольно большой, и не все премьеры этих кинофильмов уже состоялись. И список этот далеко не исчерпывается деятелями оппозиции и правозащитниками. В этот список входят, в частности, некоторые люди, имеющие отношение к действующей администрации, которых держат на этом шантажном крючке... Это – политика. Политика совершенно очевидного свойства, уголовная».[52] Помимо Виктора Шендеровича в киноэпопее компромата фигурировали Эдуард Лимонов и лидер Движения против нелегальной иммиграции Александр Белов, член бюро федерального политсовета Объединённого демократического движения «Солидарность», ранее входивший в федеральное бюро партии «Яблоко» Илья Яшин, главный редактор «Русского Newsweek» Михаил Фишман. По словам Яшина, судя по всему, политический заказ и финансирование исходили от Владислава Суркова. Организаторами он считает людей, близких к главе Росмолодежи Василию Якеменко, а консультантами и соучастниками спецоперации – сотрудников российских спецслужб, которые также оказывали техническую поддержку[53].

Промахнулись российские власти с видео компроматом: он спровоцировал смех и шутки, в частности, ядовитого Шендеровича, заявление Ильи Яшина в Прокуратуру о возбуждении уголовного дела против Владислава Суркова и Василия Якеменко, ещё раз наглядно показал интеллектуально-нравственный уровень власти и её неразборчивость в средствах.

...С экранов телевидения и из печатных СМИ исчезли оппозиционные политики, правозащитники, политологи, журналисты. Регулярно смещаются местные, пользуясь сталинским жаргоном, «винтики» путинской «вертикали власти»; обвинения против них не всегда выглядят убедительно. В результате россияне думают и голосуют так, как им указывает Кремль. Народ безмолвствует: ему всё это перестало быть интересным, а жаль.

52   http://echo.msk.ru/programs/personalno/673661-echo/.
53   Илья Яшин: Заказчики, организаторы и исполнители http://echo.msk.ru/blog/yashin/674191-echo/.

Шпионские игры

Возникновение шпиономании всегда является не только симптомом неблагополучия дел в России, но и наличия у её властителей целого комплекса проблем и неблаговидных замыслов. В этой связи уместно вспомнить о выдуманном ЧК уже летом 1918 года «заговоре Локкарта» – английского дипломата, якобы намеревавшегося устроить государственный переворот, подкупив латышских стрелков, охранявших Кремль. Провокаторы из ЧК, разумеется, заговор «раскрыли», предотвратив тем самым выдуманный ими самими государственный переворот. На этой от начала до конца выдуманной истории учили всех студентов высших учебных заведений СССР – история КПСС была везде обязательным предметом. Симптоматично, что вскоре после «раскрытия заговора Локкарата», притянутого за уши к покушению на Ульянова (Ленина), начался красный террор. Сталинские следователи и прокуроры пытками «выбивали» из «врагов народа» «признания» в работе на иностранные разведки.

Ленинско-сталинская традиция провокаций ослабла после смерти «отца народов» в 1953 году. Конечно, регулярно Запад обвинялся в «страшных провокациях»: например, полиция или служба безопасности задерживала в магазине советского дипломата или его жену при попытке что-то украсть; тут же заявлялся протест об очередной «провокации», хотя все прекрасно знали: воришку взяли; но – дипломатический иммунитет... Разумеется, западные спецслужбы занимались и вербовкой, и агентурной работой, некоторые из этих случаев были известны, но громких скандалов из них, как правило, не делали. Скандалы были другие: высылки советских шпионов, прячущихся под «крышами» советских дипломатических представительств и ответные высылки западных дипломатов. Во времена Горбачёва эти скандалы поприутихли, а после августовского безобразия 1991 года вовсе сошли на нет. Более того, СССР передал американцам систему прослушивания, установленную в посольстве США в Москве. Сотрудники спецслужб России ещё долго сокрушались, что в результате была «сдана» такая агентурная сеть... При этом чекисты забыли, что их служба – не более, чем инструмент политики, а политическое решение было принято Михаилом Горбачёвым, Борисом Ельциным, министром иностранных дел СССР Борисом Панкиным и председателем КГБ СССР Вадимом Бакатиным. За него единогласно высказались все демократически настроенные люди, причастные к решению данного вопроса, включая автора, работавшего в то время в секретариате Горбачёва.

Нельзя не признать, что разведывательное присутствие СССР на Западе было непропорциональным и явно избыточным. Например, в 1987 году в советском представительстве в Женеве числился 61 дипломат, но из них только 20 были сотрудниками МИД СССР, Белоруссии и Украины[54]. Возможно, там было несколько представителей других ведомств, не относящихся к спецслужбам (например, когда я работал в этом представительстве, там была группа Минэкономразвития). Но, с другой стороны, многие агенты спецслужб были глубоко законспирированы, и никто не догадывался об их принадлежности к этим службам — они считались карьерными дипломатами, сотрудниками других министерств и ведомств, учёными и пр.

Несмотря на прорыв, совершённый при перестройке и, особенно, в последние месяцы существования СССР, почва, культивируемая для манипуляций обществом при помощи образа внешнего и внутреннего врага, осталась взрыхлённой и плодоносной. Это стало очевидным уже в 1990-х годах. После прихода к власти Владимира Путина игрища вокруг шпиономании и секретности — этому явному признаку возвращения к недобрым временам — заявили о себе во весь голос.

При Ельцине иначе и быть не могло из-за борьбы «голубей и «ястребов», которым надо было наглядно продемонстрировать всё коварство врага внутреннего и внешнего, при Путине — для оправдания ужесточения режима и устрашения, как говорится в России, «кого надо». Тем более что для всякого рода шпионских игрищ существовала хорошо подготовленная почва и не менее подготовленные люди. Важнейшую роль в возрождении шпиономании сыграла традиция жёсткого засекречивания всего и вся.

Причины, по которым российской контрразведке с ельцинских времён особенно не нравятся экологи, понятны с учётом катастрофического состояния окружающей среды в стране. Как, например, не понравилась деятельность капитана 1-го ранга в отставке, эксперта норвежского общественного движения «Беллуна» Александра Никитина, дело против которого было заведено УФСБ по Санкт-Петербургу 5 октября 1995 года. А не понравились властям публикации отчетов экологов о загрязнении

---

54   Тезисы выступления первого заместителя министра иностранных дел СССР А. Г. Ковалёва на заседании Политбюро 13 августа 1987 года.

северо-востока Европы ядерными отходами Северного флота. Это и дало основания обвинить его в измене родине и разглашении государственной тайны за участие в составлении доклада объединения «Беллона»: «Северный флот – потенциальный риск радиоактивного загрязнения региона». В защиту Александра Никитина выступил Правозащитный центр «Мемориал», СоЭС, экологи США и многие другие. Характерно, что Никитин был освобожден только в декабре 1996 года по личному распоряжению Генерального прокурора РФ. 29 октября 1999 года Городской суд Санкт-Петербурга оправдал его по всем пунктам обвинения. 17 апреля 2000 года оправдательный приговор был оставлен в силе Верховным судом РФ.

Другой шпионский скандал на почве экологии – арест 20 ноября 1997 года сотрудника газеты «Боевая вахта», сотрудничавшего с приморским бюро японской телекомпании NHK, а также японской газетой «Асахи» капитана 2-го ранга Григория Пасько. Ему было предъявлено обвинение в «государственной измене». В свое время военный журналист прославился тем, что снял и передал NHK видеозапись процесса слива в Японское море жидких радиоактивных отходов, образующихся при ремонте и демонтаже атомных подлодок России. Зимой 1995 года эта пленка была показана по японскому телевидению, после чего в Стране восходящего солнца поднялся большой шум.

Сотрудники ФСБ утверждали, что Пасько продавал японцам секретные материалы о Тихоокеанском флоте. В тоже время в ФСБ заявили, что Пасько не был ничьим агентом, не имел агентурной сети и не был завербован спецслужбами. Уголовное дело против Григория Пасько было возбуждено сотрудниками отдела УФСБ по Тихоокеанскому флоту, которые изъяли у него ряд материалов, содержащих, по мнению контрразведчиков, секретные сведения об обороноспособности России. Сам Пасько и его адвокат Олег Котляров утверждают, что изъятые документы не были секретными, а уголовное дело полностью сфабриковано военной контрразведкой Тихоокеанского флота.

21 января 1999 года во Владивостоке начался закрытый процесс над Пасько, который признал его невиновным. Однако, власть была разочарована таким решением и 21 ноября 2000 года Верховный суд удовлетворил протест Главной военной прокуратуры, направив дело Григория Пасько на новое судебное рассмотрение. После семичасового судебного разбирательства военная коллегия Верховного суда пришла к

выводу о том, что военный суд Тихоокеанского флота «недостаточно исследовал обстоятельства дела и не дал надлежащую оценку доказательствам, предъявленным прокуратурой».

По первому приговору Пасько получил три года по статье «за превышение служебных полномочий» и был амнистирован.

11 июля 2001 г. начался повторный процесс по делу Пасько. Показания свидетелей перед судом продемонстрировали невиновность журналиста. Например, вице-адмирал Александр Конев на заседании суда сообщил, что он сам разрешил Пасько отправиться в режимные воинские части, где фото- и видеосъемку Пасько вел только с санкции руководства предприятий. Журналистов постоянно сопровождали представители командования и военной контрразведки, которые следили за каждым шагом корреспондентов. Хотя показавшие это свидетели, по словам адвокатов, должны были выступать на стороне обвинения, их показания практически разрушили дело.

При том, что девять из десяти пунктов обвинения были отклонены, суд не принял во внимание очевидную надуманность десятого пункта, и 25 декабря 2001 г. Григорий Пасько был признан виновным в шпионаже в пользу Японии и приговорён к четырем годам лишения свободы с отбыванием срока в колонии строгого режима, к конфискации имущества и лишению воинского звания.

Уже в период президентства Ельцина Россия по мнению некоторых западных стран значительно усилила в них своё разведприсутствие, доведя его до уровня времён холодной войны. Официальная Москва отговаривалась тем, что Россия, как и любое другое суверенное государство, вправе использовать разведывательные службы по соображениям защиты национальной безопасности, что вытаскивать тезис об «угрожающем» российском разведприсутствии некорректно в связи с развивающимся сотрудничеством между спецслужбами, в частности, по борьбе с международным терроризмом, организованной преступностью, незаконным оборотом наркотиков, распространением оружия массового уничтожения и ракетных средств его доставки.

Говоря о шпионских играх российской власти, необходимо отметить несколько моментов. Первый из них заключается в том, что после распада СССР были созданы все необходимые материальные предпосылки: за исключением наиболее предприимчивых людей, сумевших воспользоваться ситуацией, произошло обвальное обнищание населения, в том числе, чиновников, учёных, представителей других профессий, которые предпринимали самые разнообразные попытки заработать неважно каким путём.

Для того, чтобы выжить, как уже говорилось выше, каждый торговал, чем мог: книгами, посудой, телом (в том числе, взрывное развитие получила детская проституция), информацией, возможностями, влиянием. Наиболее неприглядно в этой ситуации выглядели и без того не бедствующие чиновники, заложившие основу тотальной коррупции. Что же касается поставленных на грань физического выживания учёных, чьи наработки, опыт и знания не представляли для новой власти ни малейшего интереса, то им в тогдашней ситуации не оставалось ничего другого.

Конечно, было бы вопиющей наивностью предполагать, что зарубежные спецслужбы не занимаются вербовкой российских граждан, особенно работающих в областях, представляющих интерес для этих спецслужб. Есть и другая, безусловно существующая сторона вопроса – промышленный шпионаж.

Но некоторые из шпионских скандалов находятся вне пределов разума.

Как человека, много лет работавшего в науке и, соответственно, знающего методологию исследований российских учёных, доступные им источники и степень информированности о происходящем, меня поразило дело заведующего сектором военно-технической и военно-экономической политики Института США и Канады Игоря Сутягина, взятого под стражу в октябре 1999 года. Для бывшего сотрудника отдела этого Института, занимавшегося военными вопросами, изначально понятна необоснованность обвинений Сутягина в передаче представителям иностранных спецслужб информации о ракете класса «воздух-воздух» РВВ-АЕ, о самолете Миг-29 СМТ, о вариантах состава стратегических ядерных сил на период до 2007 года, о ходе реализации министерством обороны планов по созданию соединений постоянной готовности, а также о составе и современном состоянии отечественной системы предупреждения о ракетном нападении. Ни один сотрудник Академии Наук не мог и близко подойти к документам по этим вопросам, даже если он был допущен к секретным материалам. Сутягин допущен не был, доказательствами чего, по их словам, располагают его адвокаты. Равно как доказательствами того, что аналитические материалы были подготовлены только по открытым источниками. Более того, если бы меня по собственной инициативе заинтересовали эти или подобные сведения в период, когда у меня был высший допуск к секретности, я не только не получил бы их, но и вызвал бы крайне пристальный интерес со стороны спецслужб.

…Когда во второй половине 1970-х годов я работал в отделе военно-политических исследований Института США и Канады, там разразился жуткий скандал. Мой старший коллега в своей статье в открытом научном журнале якобы выдал страшную государственную тайну, обнародовав содержание совершенно секретных директив советской делегации на переговорах с США по ракетно-ядерному разоружению. Как он мог получить доступ к святая святых советской политики? А никак. Просто этот неплохой профессионал, которому надо было по существовавшим тогда правилам хоть что-то опубликовать – подошло время, задумался над вопросом о том, какую позицию могли бы занять советские представители в тогдашней ситуации. Разумеется, его анализ основывался исключительно на здравом смысле и знании открытых публикаций. Даже тогдашний КГБ не нашёл к чему придраться. В МИДе стоял громовой хохот: что же за директивы такие, что их содержание смог вычислить обычный учёный?

А то, что Сутягин встречался возможно даже не пять, а гораздо больше раз с представителями спецслужб, более чем естественно: международники не могут не встречаться со своими зарубежными собеседниками, зачастую не зная о том, принадлежат они или нет к спецслужбам.

Другое обвинение не менее нелепо: являясь преподавателем Обнинского учебного центра ВМФ РФ, он якобы выведывал у кадровых военных, обучавшихся в центре, секретную информацию для дальнейшей передачи иностранным агентам.

Калужский областной суд в декабре 2001 года направил дело на доследование, так как он усмотрел в назначении и производстве экспертиз степени секретности нарушения уголовно-процессуального закона, что привело к ограничению прав Сутягина, в том числе и его права па защиту. Сутягин даже был лишён возможности достоверно знать, какие конкретно источники и какие содержащиеся в них сведения исследовались экспертами, кто из экспертов и какие исследования проводил, какие факты установил и к каким выводам пришел.

Московский городской суд оказался более восприимчивым к аргументам опричников: 7 апреля 2004 года он приговорил Игоря Сутягина к 15 годам лишения свободы с отбыванием срока наказания в колонии строгого режима. Его признали виновным в государственной измене в форме шпионажа в пользу США: сборе, хранении и передаче представителям американской военной разведки сведений, составляющих государственную тайну.

23 апреля 2004 года Общественный комитет защиты ученых обратился в Парламентскую Ассамблею Совета Европы с открытым письмом в защиту Сутягина, подписанным лауреатом Нобелевской премии, академиком РАН Виталием Гинзбургом, правозащитниками Львом Пономарёвым, Сергеем Ковалёвым, Эрнстом Черным, о. Глебом Якуниным, журналистом и узником совести Григорием Пасько, академиком РАН Юрием Рыжовым, председателем Фонда защиты гласности Алексеем Симоновым. В конце апреля 2004 года правозащитная организация «Международная амнистия» признала Игоря Сутягина политическим заключенным. В конце мая 2004 года с заявлением в защиту Игоря Сутягина выступили правозащитные организации: «Международная амнистия», «Хьюман Райтс Вотч», Международная Хельсинкская федерация за права человека, Московская Хельсинкская группа, Общественный комитет защиты ученых.

Конечно, трудно утверждать что-то конкретное, когда речь идёт о шпионаже, тем более, когда в нём обвиняется достаточно высокопоставленный дипломат, который в отличие от сотрудника Института США и Канады РАН действительно может знать многое. Однако, когда приговор в отношении бывшего заместителя руководителя первого департамента стран Азии МИД России Валентина Моисеева, вынесенный декабре 1999 года Московским городским судом, приговоривший его к 12 годам лишения свободы в августе 2001 года изменяется Мосгорсудом на наказание в виде четырёх с половиной годам лишения свободы, возникают вопросы относительно обоснованности выдвинутых обвинений.

Сам Моисеев утверждал, что передаваемые материалы были ранее опубликованы в ряде газет и других открытых источниках, и на самом деле это были не секретные материалы, а научная лекция «Политика России на Корейском полуострове».

Другой случай, вызывающий серьёзные вопросы – история заведующего кафедрой ракетных двигателей МГТУ им. Баумана Анатолия

Ивановича Бабкина, задержанного в апреле 2000 года. Надо сразу подчеркнуть, что МГТУ им. Баумана – заведение крайне серьёзное, занимающееся весьма деликатными вопросами; название кафедры, которой заведовал Бабкин, говорит само за себя.

Это – темная история от начала до конца, так как изначально Бабкин выступал главным свидетелем по мутному делу американского гражданина Эдмонда Поупа и первоначально дал показания, подтверждающие шпионскую деятельность американца. Позже Бабкин отказался от этих показаний, заявив, что они были даны под давлением следствия, а он сам находился в предынфарктном состоянии.

История с обвинением в шпионаже Эдмонда Поупа в декабре 2000 года, 20-летним приговором ему и помилованием президентом Путиным в феврале 2001 года достойна того, чтобы её включили в учебник начинающего шантажиста. Но здесь речь не о нём. Итак, после того, как Поуп вернулся в США, было выдвинуто обвинение против российского профессора Бабкина. Приговор суда по его делу, вынесенный феврале 2003 года, заслуживает аплодисментов: суд признал Бабкина виновным в передаче американскому шпиону Поупу отчетов о технических характеристиках подводной скоростной ракеты «Шквал» и приговорил его по статье «Государственная измена» к 8 годам лишения свободы *условно*. На это можно сказать только одно: *условными наказания за шпионаж в России бывают только за условный шпионаж.*

Помимо этого, Анатолию Бабкину был назначен испытательный срок в пять лет, его лишили звания Заслуженного деятеля науки и права, запретили ему заниматься профессиональной и научной деятельностью в течение трех лет, еще на три года он был лишен права занимать должность заведующего кафедрой ракетных двигателей МГТУ имени Баумана. Сам Анатолий Бабкин утверждал, что передавал бумаги совершенно официально, в рамках сотрудничества между МГТУ и Пенсильванским университетом согласно договору о сотрудничестве, подписанном в 1996 году.

Не может не вызвать недоумения и происшедшее с профессором, заведующим лабораторией ядерной океанологии Тихоокеанского океанологического института Дальневосточного отделения Российской академии наук, сотрудником Федерального научного центра «Курчатовский институт» Владимиром Николаевичем Сойфером, который, видимо, пал очередной жертвой обвинений в нарушении режима секретности. После обысков в его лаборатории и у него дома, изъятия рабочих документов и вынесения предупреждения учёному, он подал в суд на местное УФСБ. В феврале 2000 г. суд Советского района города Владивостока признал незаконным обыск, проведенный дома у ученого. Суд признал также, что во время обыска на квартире у Сойфера сотрудники УФСБ незаконно изъяли материалы научных разработок на кассетах, дискетах, а также заграничный паспорт ученого, и постановил вернуть изъятые вещи владельцу.

Попытка УФСБ обжаловать это решение в краевом суде ни к чему не привела. А в результате встречи представителей общественных экологических организаций с руководством ФСБ оно признало, что в деле В. Сойфера спецслужбы действовали неправомерно, и ему были принесены извинения.

Особую пикантность ситуации придало то, что у Владимира Николаевича Сойфера есть брат Валерий Николаевич Сойфер, тоже профессор, заведующий лабораторией молекулярной генетики Университета Дж. Мейсона в США. И что особенно важно, Валерий Сойфер был в то время генеральным директором Международной соросовской программы образования в области точных наук, одним из ведущих консультантов Джорджа Сороса в вопросах выделения грантов для российских ученых. По некоторым сведениям, он находился в дружеских отношениях с вице-президентом США Альбертом Гором и его семьёй.

В 1999 году таможенники задержали созданные лабораторией профессора, заведующего лабораторией акустических шумов океана Тихоокеанского океанологического института Дальневосточного отделения РАН Владимира Александровича Щурова акустические модули для телеметрической аппаратуры, направлявшиеся в Китай для проведения совместных исследований с китайскими коллегами. Сотрудники УФСБ по Приморскому краю сочли, что система, созданная лабораторией акустических шумов океана, может использоваться как в мирных, так и в военных целях. Все лаборатории, причастные к созданию системы, были опечатаны, документация изъята, договорные работы прекращены. В ответ на заявления профессора, что его лаборатория не имела военно-промышленной направленности и, соответственно, военных заказов, а о готовящихся совместных с китайцами исследованиях знала вся местная Академия наук, что все необходимые для этих работ документы были завизированы во всех соответствующих инстанциях, в том числе и в

ФСБ, представители УФСБ по Приморью заявили, что ученые предоставили таможенным органам недостоверные данные о технических характеристиках приборов. Якобы таким же образом были введены в заблуждение дирекция ТОИ и экспертная комиссия ДВО РАН, дававшая разрешение на вывоз прибора.

В августе 2000 года, в своей квартире был найден повешенным 28-летний сына Щурова Александр. Милиция, вопреки уверенности родителей в противоположном, утверждала, что это было самоубийство. После этого была обнаружена пропажа лазерных дисков, на которых были зафиксированы все результаты работы отца и сына: итоги экспедиций, записи, чертежи и схемы.

Сразу же после смерти сына Владимир Щуров заявил о своем желании покинуть страну: «...Нашу науку убивают. Утюг ФСБ – он выжигает все. И ситуация в стране такова, что здесь жить невозможно. Нас убивают... Убивают страну». Кроме того, он публично обвинил федеральную службу безопасности, что это именно она навела на него иностранные спецслужбы. Смерть сына и пропажа дисков – результат этой «наводки»[55].

После года следствия профессор был обвинен по статьям о контрабанде, о незаконном экспорте технологий, научно-технической информации и услуг, используемых при создании оружия массового поражения, вооружения и военной техники, и по статье о разглашении государственной тайны, повлекшее тяжкие последствия. В августе 2003 года Щуров был признан виновным в разглашении государственной тайны, приговорен к двум годам лишения свободы условно и тут же амнистирован. Невообразимое для российских карателей благородство!

Щуров свою вину не признал, но приговором остался доволен и заявил, что обжаловать его не собирается – старость, болезни, отсутствие средств для того, чтобы оспаривать приговор. Им высказывалась версия о том, что этот скандал был вызван происками его зарубежных конкурентов. По его мнению, после четырех лет расследования уникальная лаборатория практически уничтожена, погибло и научное направление «векторная акустика».

55 Александр Огневский. Три статьи для профессора Щурова // *Новости. Электронная версия газеты «Ежедневные Новости»*. 5 октября 2000 года (http://novosti.vl.ru/index.php?f=tm&t=001005tm02).

16 февраля 2001 года по обвинению в шпионаже в пользу Китая, а также в мошенничестве был арестован директор Теплофизического центра Красноярского государственного технического университета Валентин Данилов.

В 1999 году Данилов от имени Красноярского технического университета подписал контракт с Всекитайской экспортно-импортной компанией точного машиностроения на изготовление испытательного стенда для изучения процессов электризации спутников в космосе и разработку программного обеспечения к нему. Несмотря на заключения экспертов о том, что еще 8 лет назад с изобретений Данилова был снят гриф секретности, по мнению ФСБ, в рамках проекта, были переданы секретные разработки России.

После полутора лет содержания в Красноярском СИЗО Данилов по решению суда Центрального района Красноярска был освобожден из-под стражи. За это время ФСБ так и не смогла представить веских доказательств его виновности.

К этому добавился новый «криминал»: Данилов баллотировался в депутаты Государственной Думы от Енисейского избирательного округа № 48, сблизился с лидерами местной ячейки либеральной СПС и вступил в эту партию.

В декабре 2003 года Валентин Данилов был оправдан судом присяжных. После судебного заседания Данилов заявил, что его арест отбросил назад российскую науку в плане международного сотрудничества. В частности, спутник, который был создан в результате совместных усилий Китая и Европейского космического агентства, мог бы быть создан при сотрудничестве Китая и России.

В январе 2004 года Красноярская прокуратура подала кассационную жалобу на оправдательный приговор, вынесенный судом присяжных. Обвинители просили Верховный суд отменить вердикт присяжных и направить дело на новое рассмотрение «в связи с нарушениями норм Уголовно-процессуального кодекса адвокатами и другими участниками судебного процесса».

9 июня 2004 года Коллегия Верховного суда РФ отменила оправдательный приговор Валентину Данилову. Решением коллегии дело направлено на новое рассмотрение в ином составе суда. Таким образом, суд удовлетворил протест прокуратуры Красноярского края на оправда-

тельный приговор Данилову. Прокуратуре удалось выцарапать заявления ряда присяжных о том, что на них якобы оказывалось давление.

Когда в конце 2003 года Данилов был оправдан судом присяжных, в российских средствах массовой информации стали появляться материалы, утверждающие, что ФСБ России намерена добиваться запрета на участие присяжных в судах по делам, связанным с государственной изменой и шпионажем.

24 ноября 2004 года Красноярский краевой суд (опять же на основании вердикта присяжных) признал Данилова виновным в выдаче государственной тайны (ст. 275 УК РФ) и приговорил к 14 годам лишения свободы с отбыванием срока в колонии строгого режима. Кроме того, Данилов был признан виновным по статье 159 (мошенничество).

В январе 2006 года разгорелся шпионский скандал вокруг камня. Его суть заключалась в том, что английские якобы разведчики, работавшие под прикрытием посольства Великобритании в Москве, в одном из московских скверов припрятали замаскированное под камень шпионское оборудование, которое считывало информацию с переносных компьютеров проходящих мимо агентов. Сей камень так никто и не видел, зато представитель ФСБ торжественно продемонстрировал его *муляж*. ФСБ заявила, что арестовала такого агента, и он начал давать признательные показания; впрочем, вскоре об этом как-то все, включая ФСБ, забыли. Более того, имена четверых выявленных героическими усилиями ФСБ английских злодеев были широко обнародованы, но сами «злоумышленники» почему-то не были высланы из страны. Одно из главных обвинений против сотрудников английского посольства – причастность к финансированию неправительственных организаций (НПО) в России. Это финансирование было представлено в качестве главного доказательства шпионской деятельности самих НПО.

Российские спецслужбы традиционно крайне негативно относятся к неправительственным организациям, тем более, если они связаны с заграницей. Именно грузинские и украинские НПО, согласно чекистской паранойе, устроили на заграничные деньги и по заказу своих заграничных спонсоров революцию роз и оранжевую революцию. Имея немалый опыт фальсификации выборов в собственной стране и планируя его использовать и дальше, путинократия не могла не бояться ею самой придуманных страхов относительно «подрывного характера» деятельности НПО, тем более, финансируемых из-за границы. В результате НПОфобии в апреле 2006 года вступило в силу новое законодательство, до крайности усложняющее работу неправительственных организаций и практически дающих правительству возможность по своему усмотрению закрыть любую из них. Помимо неоправданно усложнённых этим законодательством системы проверки деятельности НПО, составления ими отчётности и планов работы, на которые власти имеют право наложить своё вето, НПО постоянно находятся под прессом закона о борьбе с экстремизмом, который признаёт экстремистской деятельностью «совершение преступления по мотивам политической, идеологической ненависти или вражды», а также «публичное заведомо ложное обвинение лица, замещающего государственную должность Российской Федерации или государственную должность субъекта Российской Федерации, в совершении им в период исполнения своих должностных обязанностей деяний, указанных в настоящей статье и являющихся преступлением». Другими словами, любая деятельность не только НПО, но и частных лиц, занимающихся защитой прав человека от их нарушений государством – тут же, как в ленинско-черненковские времена, становится подсудной, экстремистской.

Вопреки ожиданиям, новое законодательство не стало причиной массовой ликвидации НПО – им просто указали их место, и привычные к несвободе россияне начали соблюдать новые (а в действительности, традиционные для этой страны) «правила игры».

Гражданское общество в России окончательно перестало существовать, чего и добивались чекисты ещё задолго до того, как они воцарились в Кремле. Шпионские игры выполнили эту свою функцию.

О времена, о нравы...

Отсутствие в России гражданского общества, политических прав и свобод, многовековая привычка к рабству наряду с бесконтрольностью безответственной власти обрекает страну на самые разнообразные глупости и мерзости со стороны властей. Разумеется, становится известными их мизерная часть. Но и известного достаточно для того, чтобы составить представление о происходящем. Проиллюстрируем сказанное несколькими примерами.

Летом 2009 года произошла поистине мистическая история с судном «Arctic Sea», ходящим под мальтийским флагом с российским экипажем и перевозящим лес из финского порта Якобстад (Пиетарсаари) и алжирским Беджайя. Оператор – российско-финская компания Solchart Management. Пройдя 17 июля в Калининграде очередное плановое техобслуживание, «Arctic Sea» загрузился лесом в Якобстаде (стоимость груза составляла 1,8 миллиона долларов) и 21 июля вышло в очередной рейс. А уже 24-го происходит невероятное: в территориальных водах Швеции, между островами Эланд и Готланд в Балтийском море, якобы на борт поднялись некие вооруженные люди, которые опять-таки якобы связали членов экипажа и в течение 12 часов обыскивали судно. После того, как захватчики якобы покинули судно, капитан информировал об этом компанию-оператора, добавив, что выведена из строя кнопка подачи сигнала бедствия. Поступали также сообщения, что несколько моряков пострадали. Однако, вопреки любой логике, судно не пошло в порт и продолжило путь по запланированному маршруту. Хватились «Arctic Sea» только когда 4 августа оно не пришло в Беджайю, а 13 августа «Arctic Sea», от берегов Португалии подал сигнал о нападении.

Европейцам «Arctic Sea» найти не удалось. Зато в этом преуспел Черноморский флот, а вернее сторожевик «Ладный», который 17 августа обнаружил «Arctic Sea» в районе Кабо-Верде. Якобы пираты были задержаны без единого выстрела. Экипаж и пиратов погрузили на самолеты и отправили в Москву, где их зачем-то всех, включая моряков, поместили в тюрьму «Лефортово». А впоследствии появляется информация о том, что не пираты это были, а застигнутые штормом экологи, которые попросили у капитана «Arctic Sea» горючего, которого он им не дал и даже не поставил в известность береговые службы. Ни оружия, ни гильз, ни раненых на борту «Arctic Sea» найдено не было.

Потом ситуация получила вовсе неожиданное развитие: электронные СМИ сообщили[56], что Главный редактор журнала «Морской бюллетень – Совфрахт» Михаил Войтенко, который первым обнародовал информацию об исчезновении «Arctic Sea» был вынужден покинуть Россию из-за угроз со стороны спецслужб, которые ему напрямую посоветовали «валить из страны». В ином случае против Войтенко обещали завести дело. Ему предъявили претензии в связи с тем, что именно он первым 8 августа сообщил о захвате Arctic Sea в Балтийском море. В пересказе Войтенко ему было сказано следующее: «Михаил Дмитриевич, так и так, ты сделал главную гадость 8 августа, ты дал новость про

---

56   Николай Петров. Михаилу Войтенко не простили Arctic Sea. http://infox.ru/acci dent/incident/2009/09/03/Voytyenko_nye_prosti_print.phtml.

Arctic Sea. Всё. К тебе нет претензий по поводу того, что ты говорил дальше... наезжал на Рогозина... Но, *ты поднял эту новость, это было крайне нежелательно* (Курсив мой – А.К.). Те люди, которым ты этой новостью перешел дорогу, очень тобой не довольны. На тебя заведут дело. А мы — другие люди, государственные, с нас уже скандалов с Arctic Sea — выше крыши. Если сейчас, Михаил, тебя посадят, то это будет новый скандал, который нам нахрен не нужен». Причём на бегство журналисту дали считанные часы, после чего Войтенко купил билет на первый попавшийся рейс и оказался в Стамбуле.

Произошедшее журналист связывает с тем, что на сухогрузе находилось то, к чему не должно было быть привлечено внимание широкой общественности[57]. Очень похоже на это. В этой связи возникает вопрос о том, что это могло быть. К сожалению, ответа не будет: ведь ни одна преступная организация не смогла бы так долго прятать судно, а расследование происшедшего ведут послушные исполнительной власти российские следственные органы. Ясно одно: дело было связано с нарушением международного законодательства. Можно предположить, что некий товар был спрятан в сухогрузе в Калининграде, а затем возможны две гипотезы: либо его скрытно перегрузили на другой корабль (для чего и было необходимо так долго скрывать местоположение «Arctic Sea»), либо он благополучно вернулся в Россию.

Дело заключается в том, что начиная с ельцинских времён, у российских властей на фоне развившегося комплекса собственной неполноценности надо всем доминирует хватательный рефлекс. При всём богатстве страны и своём личном богатстве московские властители всех рангов ощущают себя нищими. Коррупция, разграбление собственной страны – далеко не единственные проявления этого. Продают всё, что удаётся продать. В мою бытность сотрудником аппарата Совета безопасности я был свидетелем того, как лелеялась мечта наладить широкомасштабную торговлю оружием с кем угодно, кроме несимпатичных Кремлю стран, таких, например, как Польша. Вплотную работая с американскими озабоченностями в связи с соблюдением Россией режимов ракетно-ядерного нераспространения, я далеко не был убеждён в правдивости передаваемой нашим зарубежным коллегам информации. Более того, когда я получал соответствующие материалы от министерств и ведомств, которые мне предстояло трансформировать в нечто, предна-

---

57   Там же.

значенное для руководства, у меня возникало намного больше вопросов, чем у зарубежных собеседников.

Даже традиционно ущербная с советских времён статистика буквально вопиёт о, мягко говоря, чрезмерном любопытстве людей в погонах. Например, только за первое полугодие 2009 года российские суды 64 тысячи раз разрешили спецслужбам тайно прослушивать чьи-то телефонные разговоры. И только в полутора тысячах случаев суды отказали оперативникам в праве на «прослушку». Плюс к этому, за тот же период с санкции суда было вскрыто почти 115 тысяч писем, более 11 тысячи раз спецслужбы получали разрешение на проникновение в чужое жилище. А сколько таких действий осуществлялось без судебных решений?

После аварии на Саяно-Шушенской ГЭС 17 августа 2009 года, в результате которой погибли 75 человек, главный редактор интернет-издания «Новый фокус» Михаил Афанасьев поместил в своём личном блоге душераздирающий материал о том, что в «воздушных карманах» машинного зала еще остались выжившие люди, которые стуком дают знать о своём местоположении спасателям. «У близких тех, кто погибает в машбюро не удастся достучаться до высоких начальников в Хакасии. Они заинтересованы в сокрытии этой информации. Руководство ГЭС не заинтересовано в лишних расходах», говорится в публикации[58]. В ответ по инициативе министра по чрезвычайным ситуациям Сергея Шойгу против автора публикации было возбуждено уголовно дело по обвинению в клевете – министру не понравилась критика работы подчинённых ему спасателей.

Раз уж упомянут Сергей Шойгу, стоит сказать о нём несколько неформальных слов. Этот рекордсмен по долгожительству на посту главы государственного органа (он возглавил МЧС в 1991 году и с тех пор сохраняет этот пост при всех правительствах) мог бы по праву стать символом современной России, где рушится всё. Шойгу спасает все и вся, включая российскую историю от её фальсификаций (именно он стал инициатором соответствующих инициатив). Именно он был среди тех, кто стоял у истоков прихода к власти Путина и его партии «Единая Россия». О Шойгу не говорят как о выдающимся коррупционере и в этом его заслуга – автор был свидетелем его финансовой, мягко говоря, нечистоплотности, работая в 1991–1996 годах в постпредстве в Женеве. Для то-

---

58   http://rukhakasia.livejournal.com/#post-rukhakasia-8476.

го чтобы служить в войсках МЧС, надо дать взятку, равную взятке для «отмазывания» от армейской службы. Его боятся все. Все перед ним лебезят. Порой складывается впечатление, что не нужны ни президент, ни премьер-министр, ни другие члены правительства – Шойгу всегда везде, где трудно, он руководит спасением страны и людей. Да, Шойгу человек, безусловно, символичный и знаковый для периода, переживаемого страной.

Авария на Саяно-Шушенской ГЭС – не просто катастрофа, унёсшая человеческие жизни и чреватая самыми серьёзными экономическими и политическими последствиями не только для Сибири, но и для всей России, но также симптом катастрофического износа оборудования.

Ещё на рубеже XX и XXI веков эксперты били в набат по поводу низкого уровня ввода новых машин и оборудования в отраслях промышленности, который был в 8-10 раз ниже нормативов простого их воспроизводства, а также устойчивого процесса физического и морального старения действующего парка. Степень износа активной части основных фондов к тому времени достигла 67%. Даже в наиболее благополучных экспортоориентированных отраслях доля нового оборудования сократилась с 1990 года в 2-3 раза.

Технический уровень и физическое состояние большинства предприятий и объектов топливно-энергетического комплекса не только не отвечали современному уровню, но и в ряде случаев не соответствовали требованиям безопасности и охраны окружающей среды. Исчерпали свой проектный ресурс работы более половины оборудования угольной промышленности, 30% газоперекачивающих агрегатов, свыше 50% износа имеет более, чем половина оборудования в нефтедобыче, более трети – в газовой промышленности. В нефтепереработке износ фондов превышал 80%, и по прогнозам в ближайшие годы половина мощностей всех электростанций страны должна была отработать проектный ресурс. Более половины магистральных нефтепроводов на то время уже эксплуатировалось свыше 25 лет. Требовалась реконструкция до половины мощностей АЭС.

Старел и транспорт – снижение темпов пополнения и обновления парков подвижных средств транспорта привело к существенному ухудшению их возрастной структуры. Состояние многих технических средств транспорта подошло к критическому уровню, значительная часть их эксплуатируется за пределами нормативного срока службы. В результате существенно ухудшились показатели безопасности и экономической эффективности работы транспорта, росли транспортные издержки. Возможность утраты морского торгового флота и разрушения арктической транспортной системы рассматривалась как вполне реальная.

Психология временщиков власть предержащих и их хватательный рефлекс привели к тому, что в постсоветский период бездумно, без новых вложений, использовалось то, что было создано раньше, причём тоже часто бездумно. Это двойное бездумье и стало причиной аварии на Саяно-Шушенской ГЭС – аварии, безусловно, не последней.

Подробное описание преступных действий и преступного бездействия власти и тех, кому она покровительствует, тем более их расследование должно стать как минимум предметом обширного независимого расследования с привлечением специалистов во многих областях. Не исключено, что нескрываемая ненависть власть предержащих в России к Международному трибуналу и откровенная поддержка Слободана Милошевича и других подсудимых и подследственных во многом связана с опасениями за своё будущее. Насколько такой страх велик, показывает основное условие передачи власти Борисом Ельциным – обеспечение безопасности лично для него и его «семьи».

С тех пор ситуация в стране только ухудшилась. Политические убийства, о которых говорилось выше, бессудные казни, исчезновения людей, обязательная даже для больных молодых людей, и, соответственно, калечащая их военная служба, дедовщина в армии, огромное количество брошенных родителями детей – этих сирот при живых родителях, катастрофическое обрушение медицины и образования – всё это определяет действительность в современной России.

Разумеется, на многое из сказанного выше можно возразить. Например, считается, что раскрыты некоторые преступления и виновные понесли наказания. Осмелюсь в этом усомниться: слишком много вопросов каждый раз вызывают выводы следствия и приговоры, вынесенные далеко не независимыми и не беспристрастными российскими судами. А стремление не выносить сор из властной избы, увы, хорошо известно.

Вполне ординарное, казалось бы, ничем не примечательное для российской действительности событие: 6 декабря 2010 года в Москве в бытовой драке с людьми с кавказской внешностью был убит футбольный фанат Егор Свиридов по кличке Седой. Кто и почему начал драку, не имеет существенного значения – версии расходятся. Важно к чему это привело.

В субботу 11 декабря 2010 года многим казалось, что ситуация в Москве вышла из-под контроля. На манежной площади собралось от 5 тысяч (как утверждала московская милиция) до 12 тысяч (по более похожим на правду экспертным оценкам) человек, в основном футбольных болельщиков. Вскоре митинг под националистическими лозунгами перерос в избиения кавказцев и всех, кто попался под руку, включая подростков[59], в столкновения с милицией. По официальной версии пострадали 32 человека, семеро были госпитализированы. В действительности, судя по свидетельствам, пострадавших было намного больше. В статье «Одумайтесь, пожалуйста!» описывается, как в омоновца попал файер и его не хотели госпитализировать с ожогом второй степени, так как уже официально отчитались, будто потери небольшие и ранены только 5 омоновцев. «На самом деле половина нашего батальона теперь лежит», – констатировал один из бойцов омона[60].

На Манежной площади, площади Европы, на территории ВВЦ и телецентра «Останкино», а также в метрополитене милицией было задержано 1 192 человека, в том числе большая группа радикально настроенных молодых людей, которые пытались устроить шествие в районе «Останкино». Утверждалось, что они были задержаны «в целях пресечения несогласованных акций». Самое интересное, что у почти 1 200 человек изъяли *два пистолета, 11 единиц* разрешённого *травматического оружия, два пневматических пистолета, 21 нож,* никем не запрещённый *файер* и вовсе не подпадающую ни под один запрет *дымовую шашку.*

Руководитель центра по изучению ксенофобии и экстремизма Института социологии РАН Эмиль Паин не согласился с распространённым мнением о том, что события на Манежной площади стали результатом провокации властей. Он отмечает, что «события на Манежной площади не похожи на стандартные этнические волнения. Это подспудный соци-

---

59   Например, 15-летние московские подростки, отмечавшие день рождения, оказались в центре митинга, якобы посвященного «разгулу этнопреступности». Четверо из них – Сандро, Тимур, Гагик и Рубен – тут же привлекли к себе внимание толпы; еще двоим – Леше и Саше – досталось за компанию. Избитых подростков спасли четверо омоновцев. (Светлана Рейтер. Мальчики просили: не отдавайте нас им. http://www.bg.ru/article/8662/).

60   И. Барабанов, Е. Левкович. Одумайтесь, пожалуйста! // *Новое время.* № 43 от 20 декабря 2010 года.

ально-политический протест в этнической форме».[61] Он считает, что «национализм сегодня неприручаем, он не может быть союзником власти, поскольку опирается исключительно на протестные настроения»[62]. Возможно политолог и прав. Другой вопрос, насколько его взгляды разделяет власть.

По мнению Паина, «русская этническая консолидация в негативной форме как консолидация «против» стала ответом на предшествующую консолидацию этнических меньшинств. Ее сильно разогрела чеченская война, но в наибольшей мере путинский курс официальной подозрительности: «Кругом враги, которые хотят оторвать жирные куски нашей территории», «Враги внешние подстрекают врагов внутренних» и т.п. Все это формировало психологию «униженной нации». Этническую подозрительность усиленно разогревали политики всех мастей. На растущий мобилизационный потенциал обострения этнического самосознания первыми набросились многочисленные представители новых националистических партий, группировок, движений. Отрезать себе ломтики этого пирога поспешили и старые партии»[63].

Как на происшедшее прореагировало население? Согласно социологическому опросу, каждый десятый россиянин готов принять участие в погромах, подобных происшедшему на Манежной площади в Москве. А почти каждый пятый россиянин одобряет действия футбольных фанатов, устроивших этот погром. В Москве и Санкт-Петербурге участникам акции посочувствовали 37 процентов опрошенных. Каждый десятый россиянин согласился участвовать в погромах. Только девять процентов респондентов причиной погромов на Манежной площади назвали межнациональный конфликт. 22 процента расценили произошедшее как акцию протеста против беззакония, убийств и бездействия властей[64].

Самое пикантное заключается в том, что главный идеолог путинократии первый заместитель главы администрации президента России Владислав Сурков обвинил в выступлениях националистов на Манежной площади 11 декабря ни кого иного, как «либеральную публику». Именно

---

61   Эмиль Паин. На смену Николаю II должен прийти Кеннеди // *Новая газета*, № 08 от 26 января 2011 года.

62   Эмиль Паин. Россия: уровень ненависти подбирается к отметке «взрыв» // *Новая газета*. № 06-07 от 24 января 2011 года.

63   Там же.

64   ВЦИОМ проводил опрос 18-19 декабря в 138 населенных пунктах России. http://www.lenta.ru/news/2010/12/24/acclaim/.

либералы по мнению этого кремлёвского мыслителя «упорно вводят в моду несанкционированные акции, а нацисты и жлобы этой моде следуют».

«11-е происходит от 31-го», - заявил Сурков, несомненно имея в виду акции оппозиции по последним числам месяцев с полным количеством дней на Триумфальной площади, проведение которых, как правило, не санкционируется властями Москвы. Также он напомнил, что перед погромом на Манежной площади был погром здания администрации города Химки. «Другие люди, а жлобство то же», - провозгласил Сурков.

Также замглавы президентской администрации отметил, что массовые беспорядки в Москве нельзя ничем оправдать, точно так же, как нельзя оправдать и убийство болельщика «Спартака» Егора Свиридова 6 декабря, которое и стало поводом к митингу против «этнопреступности» на Манежной площади[65].

Лукавит идеолог. Ведь именно он был создателем или, если угодно, вдохновителем первого прокремлевского молодежного движения «Идущие вместе», созданного на основе фанатских группировок «Спартака», ЦСКА, «Динамо».

Неназванный источник, близкий к администрации президента, причитал, обращаясь к авторам упоминаемой выше статьи в «Новом времени», что дескать ситуация вышла из-под контроля, а силовики слишком заигрались с «правыми» и теперь не знают, с ними делать. «В свое время их стали легализовывать: во-первых, чтобы не наживать себе лишнего геморроя, во-вторых, чтобы иметь под рукой управляемых бойцов. «Прикормить» всегда выгоднее, чем бороться. Но это в итоге привело к тому, что число «правых» увеличилось в геометрической прогрессии. Они почувствовали свою безнаказанность и силу. Они закалились в уличных драках и не боятся уже никого. Они вышли из-под контроля».

Со своей стороны один из фанатов подтверждает, что все лидеры фанатских группировок в той или иной степени сотрудничают с силовиками: «Года три назад я был под следствием за избиение мента. Дело закрыли в обмен на то, что я с друзьями разгонял несанкционированные акции нацболов и антифа. Я это делал бесплатно, другим платили по 500 рублей за выход»[66].

---

65   http://www.lenta.ru/news/2010/12/16/surkov/.
66   Барабанов, Левкович. Одумайтесь, пожалуйста!

Так аукается бесконтрольность и вытекающая из этого безнаказанность власти. Начатая Сталиным борьба с «космополитами» была продолжена в едва завуалированном виде при застое, крах СССР парадоксально аукнулся политикой, в частности, якобы демократичных московских властей, ЛДПР и некоторых других, лаконично сформулированной в лозунгах: «Москва – для москвичей», «Россия – для русских», «Россия – для православных».

Доигрались…

Но происшедшее на Манежной площади – не более, чем первое массовое проявление выпущенного российскими властями из бутылки джина межнациональной ненависти. Остаётся только уповать на то, что эпидемия этой ненависти, быстро распространяющаяся на всё новые слои населения и особенно молодёжь, не превратится в цунами, которое всё сметет на своём пути.

Многие вздохнули с облегчением после отставки осенью 2010 года московского мэра Юрия Лужкова. Впрочем, его преемник, ставленник Путина, Сергей Собянин, в чём-то оказался не лучше. Чего стоит, например, его предложение строить специальные города для московских пенсионеров в рамках «расселенческой политики». Удобный путь решения жилищной проблемы, да и не только её, включая перенаселённость города, без капитальных вложений! Недаром небезызвестный Воланд говорил о москвичах, что они – люди как люди, только квартирный вопрос их испортил.

При этом надо отметить, что в 2009 году на учете в Пенсионном фонде состояло 2,5 миллиона москвичей-пенсионеров. Ожидается, что к 2013 году их число вырастет на восемь процентов - до 2,77 миллиона человек. Зачем московским властям лишние проблемы в виде пожилых людей? Интересно, кстати, сколько бы усидели после таких заявлений в своих креслах мэры в странах, где нет вертикали власти?

Не меньше отличился премьер-министр Путин, который в ходе «прямой линии» заявил, что оппозиционеры Владимир Рыжков, Борис Немцов и Владимир Милов хотят исключительно «денег и власти… В свое время они поураганили, в 90-х годах утащили вместе с Березовскими и с теми, кто сейчас находится в местах лишения свободы, о которых мы сегодня здесь вспоминали, немало миллиардов. Их от кормушки оттащили, они поиздержались - хочется вернуться и пополнить свои карманы… Если мы позволим это сделать, они отдельными миллиардами уже не ограничатся. Всю Россию распродадут». Как-то не задумался господин премьер-министр о том, что он – не более чем нанятый за деньги налогоплательщиков чиновник, который не имеет ни малейшего права выносить вердикты тем, кто думает иначе, чем он.

Испокон веков люди восклицали: «О, времена, о, нравы!». При этом они даже не подозревали, насколько в большинстве случаев им повезло. Ибо нет ничего хуже, чем времена шпаны, управляющей государством.

Эти времена и нравы находят в России весьма своеобразный отклик. Например, согласно результатам опроса общественного мнения «Левада-центром», проведённого 15-18 апреля 2011 года, 26% россиян хотела бы вернуть в страну однопартийную систему. 47% опрошенных считает, что хватит двух-трех партий. Многопартийную систему поддержали только 12%. Особенно знаменательно, что пять процентов россиян считают, что партии в России вообще не нужны, а каждый десятый затруднился ответить на вопрос о приемлемом количестве политических партий[67].

18 апреля 2011 года либеральная радиостанция «Эхо Москвы» провела в эфире и на своём сайте опрос общественного мнения на тему: «Пора ли в нынешней политической обстановке вернуться к коммунистам?». «Да, пора» ответили по телефону 64.3% (351 человек) и в интернете 54.1% (3 475 человек). Против этого высказались соответственно 35,7% (195 человек) и 42.8% (3 475 человек), причём при электронном голосовании 3.1% его участников (249 человек) не смогли определиться со своей позицией[68].

Увы, эти цифры свидетельствуют о тяжёлом состоянии населения страны. Людей не устраивает, как они живут, и это нормально. Но, вместо того, чтобы искать разумные пути выхода из сложившейся ситуации, они буквально рвутся в прошлое, которое одни основательно подзабыли, другие идеализируют, третьи и вовсе не знают. В этой связи заслуживает внимания мнение исполнительного директора Независимой психиатрической ассоциации России психолога Любови Виноградовой, которая констатирует, что *поисковое поведение, то есть способность пробовать разные варианты для улучшения своего положения, в России сохраняет всего около пятнадцати процентов её населения. Из*

---

67   http://www.levada.ru/press/2011042801.html.
68   http://www.echo.msk.ru/polls/.

этого она делает вывод, что *Россия – «страна людей с «обученной бес-помощностью»»*. А людей в состоянии «обученной беспомощности» очень легко спровоцировать на любую агрессию[69]. Ими легко манипулировать, так как они несвободны.

Раньше мы имели властителей дум. Сейчас – властителей бездумья. Манипуляторов.

***

В 1875 году Николай Некрасов написал: бывали хуже времена, но не было подлей. Думается, даже некоторые штрихи к «этапам большого пути», пройденного российской властью для установления контроля над населением страны и для своего всевластия после распада СССР, показывают, что в современной России эти слова намного актуальнее, чем более века назад, когда они писались. Изменилась психология власти: до большевистского переворота при всей своей самодурственности (исключения были крайне редки), страну всё же пытались оставить наследникам хотя бы в относительно приличном виде; после 1917 года к власти пришли временщики, думающие только о сегодняшнем дне или о каких-то не имеющих ничего общего с интересами страны идеях.

Возможности кремлёвских небожителей стали несоизмеримо больше. Это обусловлено следующими факторами. Первый из них заключается в полном отрицании необходимости соблюдения властью законов. В этой связи уместно, например, вспомнить, что когда первому демократически избранному президенту России Борису Ельцину грозил импичмент, ему и в голову не пришла возможность действовать в соответствии с конституцией. Второй – в покорности населения. И, наконец, новые технические возможности позволяют знать, кто над чем работает на своих компьютерах, беспроблемно читать электронные письма, слушать содержание разговоров не только по сотовым телефонам, но и вблизи от них, точно определять местоположение их владельцев. В руках недобросовестной власти всё это представляет огромную опасность.

---

69   «В Россию это понятие привез в свое время психофизиолог Вадим Ротенберг. Было время, когда для того чтобы понять, что нужно, чтобы у человека было выработано поисковое поведение, стали ставить эксперименты методом от противного: людям давали решать заведомо нерешаемые задачи, уверяя их в том, что задачи решаемые. А потом давали решаемые, легкие, но они не справлялись...» (Галина Мурсалиева. Между страхом и ненавистью // *Новая газета*, № 130 от 19 ноября 2010 г.

У ящика Пандоры есть одна неприятная особенность: его просто открыть – будь то из любопытства или по другим причинам – но загнать выпущенные из него беды намного сложнее.

Новый российский империализм

Выше говорилось о мучительности ломки устоявшихся привычек для населения и «элиты» России. Сказанное полностью относится к внешней политике. А она переживает с момента кончины СССР настоящую ломку как самый завзятый наркоман. Вместе с ней – многие из тех, кто ею занимается. Ещё бы: советский имперский монстр распался аж на пятнадцать государств, некоторые из которых от этого распада в сущности не слишком изменились (по крайней мере, ментально).

Казалось бы, после окончания холодной войны по обе стороны ещё недавно разделявшего Европу и мир «железного занавеса» можно было бы вздохнуть с облегчением. Но – не тут-то было! Умирание еще недавно казавшихся незыблемыми основ миропорядка идёт мучительно, его агония затянулась. Причина тому проста: происшедшие изменения столь глубоки, что осознать их совсем не просто. Примерно тоже произошло с изобретением ядерного оружия: понадобился Карибский кризис, чтобы правительства осознали невозможность его применения. А без осознания изменения реальности эта самая реальность входит в конфликт с представлениями о ней, что может быть чревато самыми серьёзными опасностями. И продолжают слышаться в московских коридорах власти сетования на то, что «раньше нас уважали и боялись, а теперь – нет». Многих буквально измучила ностальгия по временам холодной войны, по бряцанию оружием. У них – абстиненция по фантомам величия и могущества, приведшая к возрождению агрессивности российской внешней политики, к новому российскому империализму.

Со всей очевидностью серьёзность положения стала мне ясна на дипломатической работе, когда едва успела околеть советская империя. В кресле начальника департамента министерства иностранных дел, ответственного за все правочеловеческие, культурные и гуманитарные вопросы, которого я временно замещал, пока тот был в командировке, а после его возвращения работая заместителем начальника управления, я стал свидетелем зарождения

132 АНДРЕЙ А. КОВАЛЁВ

весьма странных процессов. Их суть вкратце можно свести к тому, что уже сам по себе распад СССР парадоксально спровоцировал возникновение реваншистских настроений в российской политической «элите». Особо отчётливо они проявились в отношении прибалтийских стран и Грузии, не вошедших в СНГ – этот нежизнеспособный эрзац имперского влияния России на постсоветском пространстве.

В зеркалах ялтинско-потсдамской системы

К сожалению, история международных отношений и внешней политики СССР зачастую игнорируется при анализе происходящего после распада этой страны. Вместе с тем, именно история, отраженная в кривых зеркалах Кремля и ведомств, имеющих отношение к выработке и реализации внешней политики Москвы, играет крайне важную роль при принятии соответствующих решений. Поэтому представляется необходимым вкратце вспомнить внешнеполитические истоки постсоветской реальности – те самые истоки, по которым так ностальгируют российские реакционеры всех мастей.

В основе постсоветского реваншизма лежит неоспоримый факт поражения СССР в холодной войне. В этой связи прежде всего необходимо вспомнить, что основы миропорядка, существовавшего с 1945 по 1992 год, были заложены в ходе передела мира между державами-победительницами во Второй мировой войне в ходе их Ялтинской и Потсдамской конференций. В этой связи уместно задаться вопросом о том, какие основные черты послевоенного мира предопределили решения этих конференций.

Первой из таких черт, очевидно, можно назвать раздел Европы на сферы влияния СССР и западных союзников по антигитлеровской коалиции. На деле это означало, что СССР получил возможность установить свой диктат в странах Центральной и Восточной Европы и практически их колонизировать. В советскую империю вошли восточная часть Германии, позже превратившаяся в ГДР, Польша, Венгрия, Чехословакия, Румыния, Болгария. Первоначально в неё входили и Албания[70]. К этому можно в скобках добавить Латвию, Литву и Эстонию, аннексированные СССР в соответствии с секретными протоколами к пакту Молотова-Риббентропа. Разумеется, в этой связи немаловажную роль сыграл и личный фактор, а именно то, что заключение ялтинских и потсдамских договоренностей, так же как их практическая реализация, были напрямую связаны с особенностями личности И. В. Сталина. Таким образом, *слова «ялтинско-потсдамская система международных отношений» на деле является эвфемизмом их сталинской модели.*

Антиправительственные выступления в ГДР в 1953 году, в Венгрии в 1956 году и в Чехословакии в 1968 году должны были ясно показать Москве неприемлемость для народов этих стран порядков, насаждённых там Советским Союзом. Подавление советскими войсками Пражской весны обозначило начало предельно возможного на тот момент (с учётом заинтересованности советского руководства в сохранении разрядки международной напряжённости) ужесточения советской внешней и внутренней политики.

Вторая принципиально важная черта ялтинско-потсдамской системы – *монополизация державами-победительницами во Второй мировой войне того, что можно назвать правом на истину в международных делах.* Наиболее ярко это проявилось в Уставе ООН, в котором закреплено положение, согласно которому Англия, Китай, СССР, США и Франция получили статус постоянных членов Совета Безопасности ООН, имеющих право вето. Впоследствии особая роль этих стран была дополнительно подтверждена тем, что только этим странам, которые долгое время обладали монополией на ядерное оружие и средства его доставки, международным правом разрешено обладать этими видами оружия массового уничтожения.

В-третьих, ялтинско-потсдамская система характеризовалась глобальным противостоянием СССР с США и другими западными странами. Основное противоборство СССР с Западом происходило в Европе. 4 апреля 1949 года была создана Организация Североатлантического договора (НАТО). Ее военная организация, благодаря

---

70 С 1962 не участвовала в работе, созданной на основе Варшавского договора Организации, а в сентябре 1968 вышла из Организации.

наличию единой военной инфраструктуры НАТО, объединила под единым командованием вооруженные силы входящих в нее государств. СССР и восточноевропейские «социалистические» страны 14 мая 1955 года ответили на это основанием Организации Варшавского Договора (ОВД). Возникновение этих двух военно-политических союзов организационно закрепил раскол Европы на два противостоящих блока. Параллельно с Европой развивалось противостояние в других регионах мира. Его следствием, в частности, стали корейская и вьетнамская войны, кризисы на Ближнем Востоке, другие конфликты.

В целом ялтинско-потсдамскую систему международных отношений характеризовали конфронтационность, заидеологизированность и неоколониалистский характер отношений СССР со странами, вошедшими в сферу его влияния. Разумеется, такая модель долго существовать не могла.

К моменту прихода к власти Михаила Горбачёва в марте 1985 года Советский Союз был политическим, экономическим, социальным и идеологическим банкротом, тем не менее продолжающим полномасштабную конфронтацию с Западом, которая вытягивала из него последние силы. Именно демонтаж (возможно, не до конца осознанный) ялтинско-потсдамской системы стал одной из основ новой политики СССР после прихода к власти Михаила Горбачёва. Внешнеполитический курс страны, сформулированный после марта 1985 года означал полный разрыв со сталинизмом не только внутри страны, но и в международных делах. Принципиально важное значение имеет и тот факт, что ялтинско-потсдамская система, как и любой другой насильственный передел мира, могла существовать только в определенных исторических условиях и, таким образом, объективно имела свои временные ограничители.

Констатацию проигрыша СССР холодной войны до последней возможности отвергали многие, в том числе либеральные деятели, политики, дипломаты, учёные. В этом отрицании была своя логика: СССР при Горбачёве *сам* ушёл от логики холодной войны, *сам* её преодолел, и либералы испытывали не горечь побеждённых, а заслуженную гордость победителей. Реакционеры же утверждали, что если холодная война и была проиграна, то исключительно из-за политики Горбачёва-Шеварднадзе-Яковлева, из-за предательства мифических «агентов влияния» и из-за прочих несуразностей.

Когда в действительности СССР потерпел поражение в холодной войне? В результате событий в Восточном Берлине, в Будапеште, Пражской весны? Когда проиграл войну в Афганистане? Или когда её начал? Когда на Запад хлынули сведения от советского информированного источника Ветрова? Когда произошли бархатные революции? Рухнула Берлинская стена? Когда СССР поддержал усилия международного сообщества по обузданию распоясавшегося международного хулигана, захватившего Кувейт, и поддержал операцию «Буря в пустыне»? Когда он распался?

Массовое сознание склонно отождествлять поражение Советского Союза в холодной войне с падением Берлинской стены из-за простоты и очевидности этого символа. Однако это произошло задолго до начала горбачёвской перестройки, к которой, как уже говорилось выше, СССР подошёл полным банкротом. Поражение в холодной войне делало неизбежным сужение сферы влияния страны в мире. Догорбачёвское советское руководство, не сумев своевременно понять сначала неизбежность краха своей внешней политики, а позже то, что он уже произошёл, повторяя извечную ошибку генералов, готовилось к прошлой войне. В результате продолжавшийся курс на изоляцию от внешнего мира и на конфронтацию с Западом провоцировал дальнейшее ухудшение экономического положения страны. Более того, усилия СССР по наращиванию своего военного потенциала на практике приводили не к увеличению, а к подрыву безопасности страны, как это, например, было с развертыванием советских ракет СС-20 и ответным размещением в Западной Европе высокоточных «Першингов» и крылатых ракет. Советская экономика не выдерживала гонку вооружений. Ориентированность науки и производства на военные цели обусловили постоянно возрастающее научное и технологическое отставание страны во всех других областях. Советские товары были неконкурентоспособны за рубежом, да и внутри страны все, кто имел для этого хоть малейшую возможность, покупали импортные товары. Положение, при котором главной статьёй экспорта были полезные ископаемые, импорта – зерно, а экономика была прежде всего ориентирована на постоянно растущие военные требования, неминуемо вело страну к катастрофе.

Понимание частью советского руководства (включая генерального секретаря ЦК Леонида Брежнева) невозможности победы в полномасштабной войне, а также либералами – губительности тогдашней советской внешней и внутренней политики, сделало возможным принятие Заключительного акта Совещания по безопасности и сотрудничеству в Европе (СБСЕ) 1973-1975 годов, которое стало одной из отправных точек трансформации международных отношений послевоенного периода. Этот уникальный документ содержит сложный баланс интересов подписавших его сторон. А это ни много ни мало 33 европейских государства плюс США и Канада. С одной стороны, в нём зафиксирован принцип нерушимости границ в Европе, что имело основополагающее значение для Москвы, и, тем самым, закреплялась ялтинско-потсдамская система. При этом, однако, в Заключительном акте зафиксирована возможность мирного изменения границ. Но на деле главным итогом СБСЕ стала декларированная в Заключительном акте готовность СССР и его союзников к сотрудничеству по правам человека и в гуманитарной области. Несмотря на нежелание советского руководства выполнять взятые на себя обязательства[71], подписание Советским Союзом Заключительного акта СБСЕ обозначило возможность корректировки советской политики в области прав человека и, следовательно, объективно содействовало размыванию идеологических основ ялтинско-потсдамской системы.

В хельсинкском процессе доперестроечного периода немало загадочного, если на него посмотреть под углом зрения того, что общеевропейские договоренности в области прав человека и гуманитарного сотрудничества принимались на фоне преследования инакомыслия в СССР, высылки из нее А. И. Солженицына, травли А. Д. Сахарова.

В этой связи уместно вкратце остановиться на таком сложном и неоднозначном явлении, как разрядка международной напряженности. Вокруг разрядки существовало и существует много мифов.

---

71 Министр иностранных дел СССР А. А. Громыко не уставал говорить о том, что «надо вырезать дно у 'третьей корзины'».

Разумеется, это во многом закономерно с учетом господствовавших в те годы идеологических установок. По Ленину и иже с ним, мирное сосуществование – лишь удобный инструмент для достижения Советским Союзом своих «классовых» целей на международной арене. В скобках отметим, что так дело обстояло и после возникновения самоубийственных арсеналов ядерного и других видов оружия массового поражения.

Говоря о разрядке, ради исторической истины нельзя забывать о том, что впервые ее необходимость в том виде, как она возникла и развивалась, постулировал крупнейший французский политический деятель генерал Шарль де Голль еще в 1959 году. «Мы должны стремиться к миру, к сближению народов... – говорил он. – Иными словами, речь идет о том, чтобы начать проводить политику разрядки». В мае 1962 года он дал следующее определение разрядке: «...Разрядка – это практика улучшенных отношений при исключении провокационных действий и высказываний и при развитии экономических связей, культурных и туристических обменов с целью создания атмосферы спокойствия».

Начало разрядки в 1966 году на деле означало ослабление «боевых действий» на «западном фронте» холодной войны и частичную «сдачу позиций» в идеологической войне – ведь в результате политики разрядки чуть приоткрылся «железный занавес», и в эту крошечную щёлку в СССР стала просачиваться западная культура: фильмы, звёзды эстрады и т.д., размывая тем самым железобетонную советскую идеологию. Смягчилась не только внешнеполитическая риторика, но и начало налаживаться сотрудничество в политической, экономической, культурной областях между СССР и западноевропейскими странами.

Итак, вопреки широко распространенному и в бывшем Советском Союзе, и на Западе мнению, разрядка в том виде, как она состоялась – не советское изобретение, направленное против зарубежных партнеров. Хотя в московских коридорах власти многие пытались выдать разрядку лишь за одно из конкретных проявлений ленинского мирного сосуществования. Иными словами, разрядка рассматривалась коммунистическими фундаменталистами в качестве инструмента для укрепления «пролетарского интернационализма», усиления коммунистических партий и, в конечном итоге, по-

всеместного установления социализма по советскому образцу и по-
добию. Стоит ли уточнять, что в этом особенно усердствовали
идеологи от политики. Не только на Старой площади, но и в МИДе, в
науке, в других учреждениях и на других поприщах.

В действительности же в период холодной войны разрядка
представляла собой единственную возможность относительно нор-
мального развития отношений с западными странами, предотвращения чрезмерно опасных обострений мировой политики. В отличие
от политики мирного сосуществования она была менее идеологизи-
рована, более ориентирована на создание атмосферы доверия, на
разоружение. Более того, она создавала предпосылки для некоторо-
го смягчения режима внутри страны – для сохранения разрядки советские самодержцы должны были оглядываться на реакцию Запада. Не случайно поэтому крайне правые круги и без того реакцион-
ного тогдашнего руководства свернули разрядку при первой возможности под явно надуманными предлогами, что и привело страну
к окончательному краху.

Завершающим аккордом траурного марша по мифу о величии
СССР стала его агрессия против Афганистана в 1979 году.

Понимая катастрофичность положения, едва придя к власти,
Горбачёв взял курс на отказ от самих основ советской внешней политики: от «классового подхода» к международным отношениям, от
конфронтации с Западом, от гонки вооружений и обеспечения безопасности страны преимущественно военными средствами, от идеологической войны, колониальной политики в отношении своих союзников. Новый политический курс привёл как к ожидаемым, так и непредвиденным результатам.

К результатам ожидавшимся, прежде всего, относятся прекращение идеологической войны, прекращение советского вмеша-
тельства в Афганистане, исчезновение риска полномасштабной
войны с применением ядерного оружия, прекращение гонки вооружений, предоставление восточноевропейским странам свободы выбора, внедрение в СССР демократических стандартов и прав человека и, наконец, прекращение холодной войны.

«Бархатные революции» 1989 года, падение Берлинской стены и воссоединение Германии по существу положили конец ялтин-
ско-потсдамскому переделу мира и, тем самым, стали первыми, са-

мыми трудными шагами по ликвидации сталинской модели международных отношений.

Однако, такие масштабные сдвиги не могли не вызвать результаты незапланированные, хотя и частично вполне предсказуемые. Прежде всего, речь идет о самороспуске ОВД и СЭВ, на которых основывались соответственно военно-политическое и экономическое сотрудничество СССР с восточноевропейскими странами. Объективно закономерным, хотя почему-то непредвиденным советским руководством, результатом стал выход Латвии, Литвы и Эстонии из состава СССР[72]. И, конечно, главное непредвидимое последствие перестройки – распад СССР[73].

Таким образом, отказ от холодной войны и ялтинско-потсдамской системы международных отношений в значительной мере объективно имел вынужденный характер.

Вместе с тем, нельзя особо не подчеркнуть, что Горбачёв вполне мог продолжать политику своих предшественников. Население восприняло бы это как должное, хотя недовольство существующими порядками, особенно на фоне, пользуясь советской терминологией, «национального вопроса», возрастало бы, неизбежное продолжение в этом случае гонки вооружений вело бы к еще большему разорению страны. По логике холодной войны, нарастала бы международная напряжённость. Неизбежными стали бы значительно более серьёзные потрясения на международном и внутреннем уровнях, чем те, которые произошли в результате путча 1991 года и последующего распада СССР.

Смена Горбачёвым советского внешнеполитического курса хотя и была объективно необходима, но не казалась таковой подавляющему большинству членов советского руководства, специали-

---

72 Позиция российских властей весьма своеобразна и показательна. Если до Беловежских соглашений они выступали с трезвых (как в прямом, так и в переносном смысле) позиций в поддержку независимости Латвии, Литвы и Эстонии, то после распада СССР они стали весьма озабочены тем, чтобы подмять под себя эти три независимые государства, обескровленные и разорённые советской оккупацией. Категорическое нежелание выводить из них российские войска под надуманным предлогом «защиты прав русскоязычного населения», прожекты перекрыть жизнеобеспечение – всё это ностальгия по ялтинско-потсдамской системе.

73 Разумеется, распад СССР – результат путча 19-21 августа 1991 года. Но, в качестве попытки остановить перестройку, путч неотделим от неё.

стов, политически активной части населения. Например, у Москвы сохранялись необходимые возможности для продолжения диктата в отношении государств Восточной и Центральной Европы, а также развивающихся стран «социалистической ориентации». Не были утрачены иллюзии относительно военно-политического и экономического потенциала СССР. Таким образом, пользуясь тогдашней терминологией, предоставление свободы выбора «странам народной демократии» в решающей мере имело добровольный характер. Необходимо также отметить, что изменение политики не изменило статуса СССР как сверхдержавы

Поэтому было бы несправедливо недооценивать интеллектуальный и нравственный подвиг, совершённый Горбачёвым и его сподвижниками.

Упущенные возможности

Крах советской империи сделал возможной дальнейшую глубинную трансформацию России, её внешней политики, и как следствие – страны и всей системы международных отношений. Однако этого не произошло – слишком глубоко въелись в сознание российских политиков ялтинско-потсдамские штампы и стереотипы, слишком они привыкли жить по старым правилам и воспринимать страну как осаждённую крепость. Хотя со стороны могло казаться, что российская внешняя политика эволюционирует в направлении большего здравого смысла, изнутри было видно совсем иное.

Ельцин взял власть, будучи совершенно не подготовленным в международных делах. Не ориентирующийся во внешней политике и не понявший последствий им самим подписанных Беловежских соглашений, Ельцин изначально оказался окружённым объективно слабой командой, в которой доминировали реакционеры, что прекрасно чувствовалось по исходящим из Кремля импульсам. Разумеется, между приближенными к нему реакционерами и либералами шла борьба, но старые, доперестроечные подходы первому президенту постсоветской России зачастую оказывались ближе, так как они были проще для его понимания. Далеко не в последнюю очередь это было вызвано неприятием большей частью населения страны и профессионалов новой политической реальности, в которой оказалась Россия. У этого неприятия были и объективные причины, включая неподготовленность распада СССР, невнимание президента к внешнеполитической проблематике, неквалифицированность его советников и развал дипломатической службы[74]. Сыграло свою роль и то, что из-за непроработанности Беловежских соглашений долгое время основное внимание уделялось проблемам СНГ (вопросы о разделе между Россией и Украиной Черноморского флота, о статусе Севастополя и т.д.), а проблема мироустройства постбиполярного мира полностью выпала из поля зрения Кремля и Смоленской площади.

Вместе с тем, первоначально после распада СССР, усилиями первого министра иностранных дел Российской Федерации Андрея Козырева и ряда других немногочисленных либерально настроенных профессионалов, Москва, несмотря на всю свою непоследовательность во многих вопросах, проводила, насколько это было возможно с учётом сказанного выше, ориентированный за демократические ценности курс. Однако это была не более, чем имитация демократически ориентированной политики Ельцина, которая сама себя дискредитировала. В сущности, такой политики и не было. Помимо крайней профессиональной слабости ельцинской команды во внешнеполитических делах это обусловливалось поверхностным пониманием демократических ценностей этим недавним коммунистическим лидером. Вместо осмысленной внешней политики, нацеленной на обеспечение долговременных интересов страны на международной арене и во внутренних делах, было частичное следова-

---

74 После объединения МИД РСФСР с МИД СССР руководители союзного министерства были заменены на своих постах сотрудниками МИД РСФСР, большинство из которых ранее не соприкасались с дипломатической службой как с таковой – республиканский МИД никогда не имел ни малейшего отношения ни к формулированию, ни к реализации внешней политики страны, играл обслуживающую, как говорилось, «протокольную» роль. Туда, в частности, «ссылались» наиболее бездарные сотрудники МИД СССР из-за их полной неспособности к дипломатической работе. Впрочем, после того, как республиканское министерство возглавил А. Козырев, там появились дельные люди и хорошие специалисты.Вместе с тем МИД России сохранил некоторую часть своего кадрового потенциала за счёт того, что ряд профессиональных дипломатов в то время находился в заграничных командировках, другие получили повышение в должности.

ние в фарватере некоторых западных стран наряду с отрицанием самой сути демократической политики. Поддержка Россией режимов Милошевича, Хусейна и Лукашенко с блеском это проиллюстрировали. Помимо этого Козырев шёл на уступки реакционному по своему составу парламенту для того, чтобы ещё больше не осложнять позиции Ельцина в острейшей внутриполитической борьбе. В результате внешняя политика, как уже говорилось выше, превратилась в разменную монету, стоимость которой регулярно мельчала. Эти, как тогда представлялось, тактические уступки проторили дорогу для скатывания страны к реваншизму и новой конфронтации как с соседями из числа постсоветских государств, так и с Западом.

Ситуация коренным образом изменилась, когда российскую дипломатию возглавил отчётливо красноватый Евгений Примаков, которого молва тесно связывает со спецслужбами и которому удалось удивительно быстро антагонизировать российское общественное мнение по отношению к НАТО, создав тем самым плацдарм для внедрения антизападных настроений как таковых. Российская внешняя политика тут же приобрела недвусмысленно антизападный оттенок, козыревские уступки реакционерам превратились в последовательную политику.

Предоставленный России демократический шанс был безвозвратно упущен. Её политика на непродолжительное время поменяла свой вектор, но, по сути, при Ельцине осталась той же, большевистской. Заклинания первого ельцинского министра иностранных дел Андрея Козырева о том, что Россия должна превратиться в нормальную державу, так заклинаниями и остались.

Несмотря на беспомощность Ельцина во внешнеполитических вопросах, в период своего президентства он отчасти нейтрализовывал игрища «ястребов». (Констатируя это, нельзя забывать о таких позорных страницах российской политики, как, например, первая война в Абхазии, многочисленные покушения на президента Грузии Эдуарда Шеварднадзе, попытки расчленить Молдавию).

Если несуществующая внешняя политика превратилась в своего рода разменную монету при внутриполитическом торге, то экономические и социальные проблемы страны оказались задвинутыми на задворки борьбой за власть между Б. Ельциным и оппозицией. Страна с ещё только что государственной экономикой, ослабленная гонкой вооружений, доминированием над здравым смыслом соображений военной и идеологической безопасности, с доходящим до абсурда патернализмом в отношении своего привыкшего к этому населению, оказалась неуправляемой по воле или по недомыслию самих рулевых[75]. Одним из неизбежных следствий Беловежских соглашений стал кризис российской промышленности. Это было обусловлено «специализацией» производящих регионов СССР, в результате которой все бывшие советские республики были экономически взаимозависимы. Единый, пусть и плохо действующий, экономический механизм был разрушен со всеми вытекающими отсюда губительными последствиями для внешнеполитических позиций России.

Всё это привело к отсутствию видения руководством страны внешнеполитических интересов и целей, непоследовательностью и шараханиями российской дипломатии в период президентства Ельцина, а для последующего периода внутри страны и вовне была создана благоприятная почва для некоего, казавшегося чуть ли не естественным, возврата к империализму.

Такой возврат внутри страны значительно облегчало жонглирование тезисом об утере роли сверхдержавы и дальнейшем ослаблении международных позиций России в сочетании с взращенной многими поколениями психологией осаждённой крепости. В результате не только население России, но и её власти стали воспринимать окружающий мир через призму угрозы её жизненно важным и своим личным интересам.

Интеллектуальная неповоротливость московских небожителей обусловила практически постоянное ухудшение внешнеполитического положения России, которая усилиями своих руководителей и дипломатов упорно не замечала изменений, происходивших вокруг неё. Пока Европейский союз открывал границы между входящими в него странами, переходил на единую валюту, принимал меры к выработке единой внешней политики и обеспечения своей безопасности, российская внешняя политика судорожно цеплялась за неумолимо тающие тени прошлого. Развитие цивилизации, политической

---

75   Сопоставление списка наиболее богатых людей России с составом правительств Б. Ельцина и его окружения весьма выразительно.

мысли, также как глубинная трансформация миропорядка, обошли её стороной.

Россия не хотела или не могла учитывать относительное ослабление своего внешнеполитического потенциала по сравнению с периодом до 1992 года, вызванное, в частности, её экономическими сложностями, шараханьями своей так и не сформулированной внешней политики, утратой привычных союзников в Европе и за ее пределами, не говоря уже об иллюзорности СНГ.

Именно некомпетентность российской внешней политики, начиная с 1992 года, отбросила страну на обочину международных отношений.

Справедливости ради отметим, что новую политическую реальность не смогли осознать не только в Москве, но и в Вашингтоне. К сожалению, вместо того, чтобы воспользоваться открывшимися в результате окончания холодной войны и развала СССР возможностями для сущностного переустройства мира, в котором было бы комфортно всем, США как бы по инерции продолжили курс на установление своего единоличного лидерства в мировых делах.

Не на высоте оказались и некоторые западноевропейские лидеры. Впрочем, у западноевропейских стран не было действенного инструментария для согласования и проведения совместных акций по обеспечению международной безопасности.

Не вдаваясь в анализ глубинных процессов, изменивших мир в конце XX – начале XXI века и оставаясь в рамках выбранной темы, отметим следующее.

В условиях утери союзников и сфер влияния Россия чувствовала себя ущербно на международной арене. Этот дискомфорт усугублялся фактически неконтролируемым ею после распада СССР изменением инструментария обеспечения международной безопасности.

Дело в том, что многосторонние механизмы обеспечения международной безопасности, членом которых является Россия, во многом утратили свои позиции. С учётом того, что они были созданы в период холодной войны для решения задач смягчения биполярной конфронтации, равно как для извлечения односторонних выгод и преимуществ и не адоптированы к постбиполярному периоду, это закономерно.

Эволюция проблемы обеспечения европейской и международной безопасности, обусловленная прекращением биполярной конфронтации, предопределило неизбежность трансформации международных организаций, созданных для решения этих задач. Необходимость этого, в частности, обусловливалась общей дестабилизацией системы международных отношений, включая конфликты на Балканах и на территории СНГ. Особую тревогу в этой связи вызвали события в бывшей Югославии, которые наглядно показали полную неспособность существующего международного права и многосторонних международных организаций (прежде всего, ООН и ОБСЕ) адекватно реагировать на ситуации такого рода.

В этой связи необходимо отметить, что создание Организации Объединенных Наций, несмотря на свой демократический фасад, закрепило ялтинско-потсдамскую модель международной безопасности. Провозгласив высшим органом ООН ее Генеральную Ассамблею, реальную власть создатели организации передали в ее Совет Безопасности, состоящий в качестве постоянных членов из держав-победительниц во Второй мировой войне, причём каждая из этих стран была наделена правом вето, что предопределило его недейственность. Генеральная Ассамблея превратилась в ничего не решающее идеологическое ристалище, работа ООН на деле была заблокирована противоречивостью интересов своих членов, прежде всего, постоянных членов Совета Безопасности.

В результате ООН не сумела своевременно принять меры к адаптации содержания и форм своей деятельности к постконфронтационным реалиям, а позже – найти быстрые и адекватные ответы на вызовы времени ни в годы горбачёвской перестройки, ни после распада СССР. Вряд ли с позиций здравого смысла уместно оспаривать основные претензии к ООН, которые заключаются в сочетании её дороговизны и неэффективности.

Что касается ОБСЕ (до декабря 1994 года – СБСЕ), то она сыграла свою уникальную роль в снижении уровня конфронтации и в повышении стабильности в период холодной войны. Однако ОБСЕ так и не смогла трансформироваться в полновесную международную организацию и не в состоянии выполнять функции гаранта региональной безопасности за счет отсутствия у неё соответствующего действенного инструментария и крайней громоздкости процедуры принятия решений. В целом можно констатировать, что ОБСЕ в том виде, как она существует в настоящее время, выработала заложенный в ней при создании ресурс, предназначенный для нахождения взаимоприемлемых решений в условиях холодной войны.

Разумеется, причины кризиса многосторонних международных организаций по поддержанию международного мира и безопасности заключаются далеко не только в их институциональных проблемах. Не будем забывать, что, как повсюду в дипломатии, основная часть работы там ведётся за кулисами, что она спрятана от посторонних глаз, и их неэффективность – не более, чем отражение нежелания или неумения государств-членов достигать взаимоприемлемых договорённостей. Сказанное полностью относится к реформе ООН и её Совета Безопасности.

В этих условиях ключевую роль приобрела НАТО, обладающая всеми необходимыми средствами, включая мощный военный потенциал для решения встающих перед этой организацией проблем. Разумеется, в полном соответствии с национальными интересами и историческим опытом освобождённых от советского господства бывших «союзников» СССР, именно эта организация стала для них центром притяжения.

О реакции Москвы на это уже говорилось. Но нельзя не упомянуть о восприятии там расширения Европейского союза, принятие в который новых государств-членов тут же было воспринято как очередная угроза национальной безопасности России[76]. Чего только не опасались в этой связи за кремлёвской стеной и вокруг неё, включая широту вопросов, охватываемых ЕС – Москва считала это плохим признаком для себя.

Особую тревогу вызывали геополитические последствия планировавшегося расширения Евросоюза. Кремль и Смоленская площадь всерьёз рассматривали возможность того, что расширение ЕС приведёт к ситуации, когда именно из-за него по ряду вопросов международной жизни Россия будет противостоять единой позиции европейцев. При этом акцентировались некие «натоцентристские тенденции», якобы способные привести к существенному ослабле-

---

76   Говоря это, нельзя не отдать должного Игорю Иванову, который всячески противостоял таким настроениям.

нию позиций российской дипломатии – российские внешнеполитические мыслители так и не смогли понять, что США являются естественным союзником Европейского союза.

Москва была всерьёз встревожена из-за того, что Россия занимала во внешней торговле ЕС незначительное место, и Европейский союз гипотетически якобы мог практически безболезненно оказывать на Россию экономическое давление.

Такие опасения вызвали очередное раздвоение российской внешней политики: с одной стороны она была заинтересована в том, что называлось «формированием многополярного мира», то есть центра силы для противодействия американской внешней политике, с другой – Москве мерещились очередные угрозы её национальной безопасности.

Внешнеполитическая неграмотность президента Ельцина и подавляющего большинства демократически ориентированной части его команды сделала практически неизбежным появление и нового российского реваншизма, глубоко уходящего корнями в историю и психологию, основанных на Большой Лжи. Эта ложь многослойна и разнообразна, но она составляет единое целое, являющееся основой мировоззрения значительной части населения страны и её правителей. Главной составляющей этой лжи является догмат о величии созданной Лениным-Сталиным империи. При этом игнорируется преступность создавшего и сохранявшего её режима, так же как и тот факт, что страна сама себя загнала в гроб своими грехами и ошибками, а также пороками интеллектуального и нравственного развития. Соответственно возвеличивается имперская политика, конфронтация с Западом, холодная война. С ней связан ещё один основополагающий миф, лежащий в основе политики ястребов со времён кончины СССР. Он заключается в том, что СССР якобы развалился в результате демократических реформ и поражения в холодной войне.

Подпитывает российский реваншизм и смехотворная теория о том, что СССР прекратил своё существование в результате политики западных стран. В этой связи приходит на память широко известное среди психиатров понятие: отсутствие критики по отношению к самому себе. Любому мало-мальски сведущему в истории России человеку понятно, что это не так, что, например, решение о прекращении существования СССР подписывали президенты России, Украины и Белоруссии, что и оно было молниеносно и практически единогласно одобрено парламентами трёх тогда ещё союзных республик, а не кем-то ещё.

Таким образом, российский реваншизм основывается на некомпетентности и вымыслах, не имеющих ничего общего с действительностью. В его основе – синонимичность между величием страны и её военной мощью вкупе с порождённым ею страхом, равно как способностью держать в рабстве свой и другие народы.

Déjà vu

С момента прихода к власти «наследника» Ельцина Путина былая, хотя всё уменьшающаяся, противоречивость и непоследовательность внешней политики страны сменилась отчётливой антизападной направленностью. Явственно наметился откат в эпоху холодной войны. Россия сделала акцент на отношениях с Китаем, Северной Кореей, Кубой, Ираном, Ираком, произошло значительное охлаждение отношений с западноевропейскими странами и с США. Скандал вокруг американского гражданина Эдмонда Поупа, который был обвинён в шпионаже, а затем отпущен Путиным, стал сигналом, хорошо понятным российской общественности и зарубежным партнёрам[77]. В отношениях с государствами СНГ одно из привилегированных мест стали занимать отношения с Азербайджаном, возглавляемым бывшим шефом КГБ советского Азербайджана Гейдаром Алиевым – личностью мрачно-одиозной даже в советские времена. В споре между «славянофилами», отстаивающими дикость и бесправие, и «западниками», как называют в России сторонников европейских ценностей, включая демократию, права человека и правление закона, безоговорочно победили первые. В закоулках власти (я тогда работал в аппарате Совета безопасности России) было ясно, что к власти пришли убеждённые, но хитрые и лицемерные реакционеры.

---

77   Хотя я находился на периферии этого скандала, мне с самого начала был ясен сугубо провокационный смысл и беспочвенность происходящего.

Однако «лёгкая разминка» нового самодержца (в частности, в виде визита Владимира Путина в Гавану в декабре 2000 года и других откровенно антиамериканских и антизападных акций) не дала желаемого результата: отношения с Западом резко ухудшились без всякой пользы ни для России, ни для путинократии. Взращенный КГБ СССР жёсткий прагматик Путин оказался перед дилеммой: продолжать следовать и дальше своим неосталинистским убеждениям или извлечь максимум выгоды из положения руководителя крупнейшей и одной из богатейших стран современного мира. Выбор был не прост, но для беспринципных циничных политиканов нет ничего невозможного: можно сначала стать «своим» для лидеров демократического мира, а уж потом развернуться вовсю.

В том, чтобы стать «своим», Путину пришлась как нельзя более кстати трагедия 11 сентября 2001 года. Если бы она не произошла, Путину её надо было бы придумать, ибо именно она стала переломным моментом в решении этой проблемы, а заодно и для оправдания творимых и будущих безобразий в Чечне и на постсоветском пространстве. В своей дипломатической игре Москва всё поставила на кон, разыгрывая карту совместной борьбы с международным терроризмом, в чём и преуспела с помощью президента Дж. Буша-младшего на брюссельском саммите ЕС-Россия 2001 года, после которого началось потепление в отношениях между Россией и Западом.

Создав «вертикаль власти», взяв под контроль умонастроения россиян и воспользовавшись ливнем нефтедолларов, Путин пустил в ход широкий спектр средств и возможностей для конфронтации с западными и неугодными странами, что и является основным признаком политики холодной войны. (При этом, впрочем, он не забывал делать реверансы в адрес Запада). В качестве рычагов воздействия на другие страны Россия начала использовать энергетический шантаж, убийства неугодных (в том числе, на территории других стран), теракты (в частности, как это было доказано судом, против Грузии), небывалые с догорбачёвских времён акции, граничащие с провокациями, или демонстрации силы против отдельных государств-членов НАТО и их вооружённых сил. Внутри России нагнеталась антизападная, антигрузинская, антиэстонская истерия, всячески поощрялись ксенофобские настроения, не просто раздувались, но придумывались шпионские скандалы.

Выходец из КГБ СССР окончательно снял моральные, мировоззренческие и политические табу с жёсткого противостояния с Западом, которое было невозможно при президенте Ельцине, в том числе, из-за развала российской экономики и военной организации страны. Путин же получил страну на этапе её выхода из финансового кризиса.

От практически всех направляемых новому президенту бумаг и от накладываемых на них резолюций явственно повеяло ледяной затхлостью. Впрочем, Путин никогда не скрывал своего отношения к Западу, к демократии, делая, однако, при открытости своей позиции шутовские реверансы в его сторону. Западные политики ими удовлетворялись, россиянам всё было понятно. С момента прихода Путина к власти (ещё ограниченной его премьер-министрством), Россия вновь вступила на путь нагнетания международной (в широком смысле этого слова) напряжённости и холодной войны.

Вместе с тем, нельзя не признать, что с начала осуществления путинской политики противостояния с Западом отсутствует такой необходимый для полномасштабной холодной войны компонент, как наличие сопоставимых возможностей противостоящих сторон, обусловливающее неопределённость исхода в целом и в каждом конкретном эпизоде.

Есть и другие ключевые отличия путинской, а затем и медведевской конфронтации с Западом от холодной войны прежних времён. Первое из них заключается в том, что холодная война разворачивалась в условиях чёткого разделения сфер влияния в Европе между Советским Союзом и западными странами; их противоборство материализовывалось в конфликты (порой вооруженные) зачастую без их непосредственного участия, как правило, на периферии их противостояния. Утратив союзников в развивающихся странах, Россия потеряла то, что можно назвать стратегической глубиной для конфронтации с Западом. С другой стороны, Москва объявила сферой своих жизненно важных интересов постсоветские республики и считает, что она вправе там распоряжаться.

И ещё одно, возможно ключевое, отличие. Основой основ холодной войны с Карибского кризиса до кончины СССР было ядерное сдерживание. С 1992 года оно как будто отчасти утратило свою действенность. Сложилась парадоксальная ситуация: ни на что, кроме ядерного оружия Россия в военном плане рассчитывать не может, но, вместе с тем, совершенно уверена, что западные и иные ядерные державы никогда не применят своё ядерное оружие против неё. Политика сдерживания как бы превратилась в улицу с односторонним движением, что придаёт Москве уверенность в безнаказанности своих авантюр.

Немаловажным моментом является тот неоспоримый факт, что российская псевдоэлита держит свои капиталы (и капиталы немалые) на Западе – в банках, в недвижимости, других видах собственности. Это делает её крайне уязвимой и трусливой, и даёт надежду на то, что определённая и весьма опасная грань Москвой всё же не будет перейдена.

К 2004 году признаки возврата к холодной войне стали просматриваться в политике России уже невооружённым глазом. Симптомы этого были заметны непредвзятому наблюдателю ещё до оранжевой революции. Достаточно выразительными были, например, сетования Москвы на то, что ОБСЕ занимается правами человека, как и должно быть в соответствии с Заключительным актом, подписанном во времена «идеологической войны». И получается, что приемлемое даже для Брежнева перестало быть приемлемым в более поздние времена, ещё при Ельцине, не говоря уж о Путине... С другой стороны, если следовать букве документов СБСЕ / ОБСЕ, нельзя разумеется, не признать некий дисбаланс в деятельности этой организации. Но нельзя не констатировать и её нацеленность на защиту прав человека ещё в застойные времена, на создание и упрочение в европейских странах демократических институтов. Особенно ярко эта нацеленность проявилась ещё в советские, хотя уже в реформаторские времена.

Мотивация конфронтационной российской политики весьма проста. Её можно охарактеризовать как ностальгию по фантому былого величия, которое, к сожалению, не только в массовом сознании, но и подавляющим большинством политической элиты ассоциируется с холодной войной, бряцанием оружием, «монолитным единством общества». Тот факт, что именно такое псевдовеличие мощной в военном плане и экономически недоразвитой страны привёл её к краху, упускается из вида. Именно извращённое понимание величия и благополучия страны российскими властями, разделяемое легко внушаемым населением, психологически обусловливает закономерность возобновления холодной войны.

Не менее важен другой фактор. Кремлю необходимо своего рода алиби для того, чтобы снять с себя ответственность за ситуацию, сложившуюся в стране в социально-экономической и политической областях. «Внутренний враг» довольно долго «спасал» Ельцина, а потом и Путина от внутри- и внешнеполитических проблем. Сначала это была «красно-коричневая угроза», борьба с которой позволила Ельцину фактически получить carte blanche от Запада, потом Чечня, борьба с «олигархами», «международный» терроризм, позволивший Путину в 2001 году добиться значительного улучшения отношений с США и Европейским союзом, о чём уже говорилось выше.

Нагнетание напряжённости с Западом выгодно Кремлю и тем, что, вгоняя население в состояние истерии, он делает его легко манипулируемым, чего с самого начала и добивались реваншисты и что стало одной из основ внутренней политики Путина с момента его прихода к власти: стабильность – понятный лозунг для людей, читавших Хаксли.

Антизападничество и агрессивность Путина легли на хорошо подготовленную почву. Насколько я могу судить из своих кабинетов на Старой площади в Москве и в представительстве при Европейских сообществах в Брюсселе, его политика долгое время не вызывала отторжения и у западных коллег, тем более, что он использовал понятные для них поводы для её ужесточения внутри и вовне. Например, для нагнетания напряженности внутри страны и в международных делах Путин эффектно обыграл (в частности, для дальнейшего наступления на демократию) трагедию с захватом заложников 1 сентября 2004 года в Беслане, которое он охарактеризовал как «нападение на нашу страну. Мы имеем дело, – заявил он, – с прямой интервенцией международного террора против России. С тотальной, жестокой и полномасштабной войной».

Только что уйдя с дипломатической службы, я прекрасно знал, что для подобных заявлений не было ни малейших оснований. Будучи информированным историком, я понял, что во внешней и внутренней политике страны наступил решающий перелом. Не оставляло ощущение, что этот перелом был заранее подготовлен – к тому времени уже набрала силу ремилитаризация России, которая громогласно заявила о себе как о реваншистской стране (впрочем, эти заявления были пропущены мимо ушей). Кремль и Смоленская площадь делали чуть ли не всё возможное для нагнетания напряжённости в отношениях с Западом, который почему-то всё спускал с рук Москве.

Фактически в открытую курс на конфронтацию с Западом был сформулирован в послании Путина Федеральному собранию 10 мая 2006 года. «Главный урок истории Великой Отечественной войны – это необходимость поддержания боеготовности Вооруженных Сил», – рёк президент. А тратит Россия, оказывается, на это мало. Вместе с тем, с хорошо известной «патриотической» интонацией он констатирует: «Заметно укрепился боевой дух, психологическое состояние солдат и офицеров. И мы знаем примеры, без преувеличения – массового героизма среди военнослужащих и сотрудников правоохранительных органов». Смысл своей внешней и оборонной политики Путин сформулировал предельно ясно: «Мы с вами должны строить свой дом, свой собственный дом – крепким, надежным, потому что мы же видим, что в мире происходит. Но мы же это видим! Как говориться, «товарищ волк знает, кого кушать». Кушает – и никого не слушает. И слушать, судя по всему, не собирается». Насчёт «товарища волка» – прямо сталинская интонация. Конечно, США прямо не названы, но от этого не становится менее понятно, что имеются в виду именно они. «Куда только девается весь пафос необходимости борьбы за права человека и демократию, когда речь заходит о необходимости реализовать собственные интересы? – патетически вопрошает Путин. – Здесь, оказывается, всё возможно, нет никаких ограничений», патетически заключает он. Для того, чтобы противостоять «товарищу волку» и прочим супостатам, согласно Путину, «современной России нужна армия, имеющая все возможности адекватно реагировать на современные же угрозы. У нас с вами должны быть Вооруженные Силы, способные *одновременно вести борьбу в глобальном, региональном, а если потребуется, и в нескольких локальных конфликтах* (курсив мой – А.К.)». Иными словами, по существу объявлено, что Россия готова воевать со всем миром, причём одновременно. Любопытен и такой пассаж: вооружённые силы «должны – при любых сценариях – гарантировать безопасность и территориальную целостность России». Наверное, это послание можно назвать доктриной неограниченного количества войн со всеми вытекающими из этого последствиями.

Ничто подобное не было возможно со времён холодной войны, причём даже такие коммунистические лидеры, как Брежнев, Черненко и Андропов такого себе не позволяли. Впрочем, это послание и означало только едва завуалированную декларацию готовности вернуться к недобрым временам противостояния России и Запада.

Наиболее явным проявлением возврата России к политике холодной войны стало подписание Путиным в июле 2007 года указа о приостановлении Россией действия ДОВСЕ и связанных с ним международных договоров. Другими словами, Россия вышла из подписанного в 1990 году в Париже и адаптированного к новым условиям в 1999 году на саммите ОБСЕ в Стамбуле договора, ограничивающего численность танков, бронемашин, крупнокалиберной артиллерии, боевых самолетов и вертолетов. Это решение цинично аргументировалось тем, что адаптированный договор был ратифицирован только четырьмя странами – Россией, Белоруссией, Казахстаном и Украиной. Разумеется, другие страны имели весомые основания для того, чтобы не ратифицировать договор. Дело в том, что на деле Россия его не выполняла, вопреки Стамбульским договорённостям, решив не выводить свои войска с территории Грузии и Молдавии, которые отказались от ратификации ДОВСЕ. Страны НАТО, естественно, проявили с ними солидарность. Отказ Запада от ускоренной ратификации соглашения об адаптации ДОВСЕ стал главным аргументом Москвы.

В действительности фактический выход из ДОВСЕ был достаточно детской реакцией на изменившееся после кончины СССР соотношение сил в Европе, на уменьшение могущества Москвы в мировых и европейских делах. Москва распиналась в том, что расширение НАТО якобы привело к значительному превышению альянсом установленных договором ограничений по количеству вооружений. Разумеется, это не соответствовало действительности, так как адаптированный ДОВСЕ учитывает вооружения не военно-политических союзов, как было раньше, а каждого отдельного государства-участника. Москва не смогла смириться с намерением США разместить «существенные боевые силы» на базах в бывших советских колониях, вошедших в НАТО – в Болгарии и Румынии. К этому российская дипломатия присовокупила неучастие в адаптированном ДОВСЕ Латвии, Литвы и Эстонии.

Другая застарелая острая разоруженческая проблема – договор по ПРО, заключенный США и Советским Союзом в 1972 году и являвшийся одной из главных опор стратегической стабильности в период жёсткой биполярной конфронтации и гонки вооружений. После прихода к власти республиканцев во главе с Джорджем Бушем-младшим США заявили о намерении выйти из этого договора как из устаревшего и не отвечающего современным реалиям[78]. В конце 2001 года США официально объявили о выходе из договора, который перестал действовать с лета 2002 года. В декабре этого же года Вашингтон приступил к первой фазе создании национальной системы ПРО. Москва заняла достаточно примитивную, в чём-то фрейдистскую позицию, рассматривая действия Вашингтона как сугубо антироссийские намерения, игнорируя при этом факт расползания ракетно-ядерного оружия. Особую озабоченность России вызвали намерения разместить элементы ПРО в Европе, в частности в Чехии и Польше. В Москве заявили, что в случае реализации американской системы ПРО Москва подготовит некий «асимметричный ответ». Эта обтекаемая формулировка скрывала полную ментальную пустоту российских политиков и военных по данному вопросу. Асимметричность российской реакции дошла до того, что, по словам командующего Космическими войсками генерал-полковника Владимира Поповкина, прорабатывался вопрос размещения элементов российской ПРО – радиолокационных станций системы контроля космического пространства (СККП), на территории российских посольств в ряде стран. Поповкин заявил, что это позволит фиксировать запуски ракет, не видимые с территории России, и корректиро-

---

78   В этой связи интересно, что вопреки очевидности МИД России настаивал на необходимости сохранения договора по ПРО без каких-либо изменений позиции и считал это достижимым. Когда аппарат Совета безопасности РФ по согласованию с министерством обороны разработал свои более реалистичные предложения, они не были приняты администрацией президента под простым предлогом: «мы в этом ничего не понимаем и поэтому решили оставить так, как предлагает МИД».

вать на них российскую систему ПРО[79]. Погромыхивая оружием, Москва громогласно заявляла о намерении нацелить свои ракеты на страны, которые согласятся принять участие в реализации этих американских планов[80]. Разумеется, Москва не забывала всё время говорить о каких-то новейших ракетных системах, которые смогут «пробить» любую противоракетную оборону. Не побрезговала она и угрозой разместить свои ракеты в Калининградской области.

***

Есть страны, которым по тем или иным причинам повезло. России сильно повезло с полезными ископаемыми, особенно с нефтью, газом, многочисленностью населения, которым властям можно не дорожить, в том числе, и в войнах. Повезло ей и со многим другим, включая её географическое положение. В сочетании с менталитетом чекистской «вертикали власти», сложившейся сразу после большевистского переворота 1917 года (ведь главным карателем был «вождь пролетарской революции» Ленин), это «небесами данное», а не заработанное богатство превратилось во взрывоопасную смесь.

Есть другие страны, которые, не имея природных и человеческих богатств, своего благосостояния добились упорным трудом.

Везение – вещь относительная и порой даже опасная: ведь им надо уметь распорядиться, иначе оно развращает. Так неоднократно случалось с Россией, которой не надо было сберегать своё многочисленное население во время голодоморов, в ходе гражданской войны, ленинско-сталинских репрессий, Второй мировой войны, победы в которой можно было добиться несравнимо меньшими жертвами, если бы не людоедское политическое и военное руководство страной, ненавидящее (как Ленин и Сталин) или презирающее (как Брежнев, Ельцин, Путин и иже с ними) свой народ.

---

79 *Известия*, 20.03.2007.
80 В мае 2007 года о готовности разместить на своей территории систему ПРО заявила Литва. 21 мая 2008 года правительство Чехии официально одобрило соглашение о размещении на территории страны американского радара, а 8 июля Чехия и США подписали соглашение о строительстве радара под Прагой.

Хищническая эксплуатация природных богатств России, начавшаяся с советских времён (в частности, поистине браконьерский лов рыбы, загрязнение водоёмов, варварская вырубка лесов, нарушение экологического баланса тундры и пр.) поставила страну на грань экологической катастрофы. Близкими причинами – полной безответственностью – была вызвана и катастрофа на Чернобыльской атомной электростанции.

Власть абсолютно безответственно распорядилась ливнем нефтедолларов, обрушившихся на Россию в период президентства Путина. Не вызывает сомнений, что их надо было инвестировать в модернизацию страны, прежде всего, в её развалившуюся экономику, в придание ей многопрофильности, в находящуюся в катастрофическом состоянии социальную сферу, в то, что А. И. Солженицын назвал сбережением нации. Вместо этого территория России окончательно превратилась не более чем в источник энергии и других полезных ископаемых для других стран, а её властители – в подобие примитивного насоса, перекачивающего их за рубеж и не способного даже представить себе возможность использования полученных средств для решения давно назревших проблем.

Но не просто не было ничего сделано. Полученные деньги даже парадоксально ухудшили положение в России. Тому было несколько причин. Первая из них заключалась в том, что ранее подавляемая безденежьем агрессивность «ястребов» вышла на нефтедолларовое раздолье, сделавшее возможной ремилитаризацию страны, а вернее, поигрывание остатками дистрофичных военных мускулов и финансовые вливания в военную организацию страны. (Не будем при этом забывать, что при всепроникающей коррупции в действительности направляемые туда средства могут использоваться совсем в других целях). Вторая – повышение цен на нефть и газ спровоцировало передел собственности, что окончательно сделало невозможным свободное предпринимательство в России. Третья причина заключается в том, что московские правители получили дополнительные возможности и дополнительный интерес к нефтегазовому шантажу западных и неугодных Кремлю постсоветских стран.

Судя по всему, Путин сразу сделал ставку на газ, в частности, как на основное орудие России в международной политике. Постсоветские государства зависят от российского жидкого топлива на 60-80%. Им же обеспечивается около 25% потребностей ЕС. Уже в 2001 году Путин поставил во главе «Газпрома» своего верного соратника Алексея Миллера. Председателем совета директоров был назначен тогдашний глава администрации президента Дмитрий Медведев, позже перепрофилированный Путиным в первого вице-премьера, а затем в президента России. В июне 2005 года государство приобрело контрольный пакет акций «Газпрома», в конце того же года было принято решение о либерализации рынка его ценных бумаг. В результате, если в 2005 году активы «Газпрома» оценивали в 126 млрд. долларов, то уже в начале 2006 года эта цифра достигла 217 млрд. долларов.

2006 год мог стать большим годом российской дипломатии – Россия впервые председательствовала в Большой восьмёрке. И он им стал: российская политика и российский бизнес (которые, впрочем, к тому времени стали синонимами) начали рубить сук, на котором они сидят – 1 января Россия прекратила поставки природного газа на Украину и снизила объемы топлива, закачиваемого в трубопроводную сеть Европы. Таким образом, с самого начала своего председательства в G 8 Россия сделала всё для своего полного провала в этом качестве и, более того, для подрыва такой основы политического и экономического сотрудничества, как доверие.

Практически ни у кого не вызвало сомнений, что Москва этой акцией преследовала внешнеполитические цели: наказать неугодное ей украинское правительство Ющенко и припугнуть Запад – мол, если что не так, оставим вас на голодном пайке. Помимо этого Москва хотела взять под свой контроль газопроводную систему Украины путём получения «Газпромом» 51% акций управляющей ею компании.

Но у газового скандала, безусловно, была и другая составляющая, финансовая, причём весьма сомнительная. Без того, чтобы входить в детали, достаточно сказать, что этот российско-украинский «экономический спор» кончился странноватой сделкой: огосударственный «Газпром» продавал топливо зарегистрированной в Швейцарии компании «RosUkrEnergo» по цене 230 долларов за тысячу кубометров, а эта компания на российско-украинской границе перепродавала топливо «Нафтогазу» за 95 долларов за тысячу кубометров. Часть газа «RosUkrEnergo» продавала в европейские страны, причём её прибыль по некоторым оценкам составляла по разным оценкам от 800 миллионов до миллиарда долларов в год. При этом загадочная фирма, собственниками которой в равных долях являются, с одной стороны, «Газпром», а с другой – два украинских гражданина Дмитрий Фирташ и Иван Фурсин, занималась исключительно посредничеством, а без российской санкции, как известно, такие посредники не возникают. Не очень понятная с точки зрения логики, а не своекорыстных интересов, арифметика...

Похоже, что, начиная с этого конфликта, путинократия окончательно решила выстроить «вертикаль власти» в отношениях с сопредельными странами и в очередной раз «подняться с колен», с одной стороны, ударив с небольшим промежутком времени по Грузии и Украине, а с другой – подчеркнуть зависимость Западной Европы от российского газа и, соответственно, благорасположения Кремля.

В январе 2009 года Москва повторила газовую авантюру 2006 года. Только газовый кризис в Европе на сей раз был гораздо более глубоким: поставки газа туда через Украину были прерваны 7 января, а возобновились только 20 января. При этом была разыграна более сложная комбинация. Помимо наказания строптивого соседа, новый газовый кризис должен был скомпрометировать украинское правительство в глазах Запада и собственного населения, представив его сборищем вульгарных воров, ворующих предназначенный для Европы российский газ. Другая, тесно связанная с этим цель, заключалась в том, чтобы, «доказав» ненадёжность Украины как партнёра по поставкам газа, вынудить Европу к строительству обходных газопроводов – Северного и Южного потоков.

К сожалению, Запад поддался на эту незамаскированную провокацию, подтвердив псевдомудрость, гласящую, что сила есть, ума не надо: он пошёл на строительство газопроводов в обход Украине, уступив, таким образом, грубому давлению со стороны Москвы. Кроме того, он предал более дружески настроенное по отношению к нему правительство Ющенко.

Разумеется, Россия унаследовала от СССР не только газ, нефть, другие полезные ископаемые, но и огромную, не подвергшуюся существенным реформам, но лавинообразно рушащуюся военную организацию со всеми ставшими роковыми для советской империи стереотипами, отягчёнными комплексом собственной неполноценности, а также старыми и вновь приобретёнными пороками. Уже сама по себе огромность военной организации России крайне повышает возможность её применения, что и произошло сначала в Чечне, а потом и в Грузии.

Видимым толчком в направлении ужесточения политики Москвы на постсоветском пространстве и, как уже говорилось выше, внутри страны, стали «цветные революции». Но если в результате революции роз в Грузии один несимпатичный Путину лидер сменил другого, не более несимпатичного, то с оранжевой революцией на Украине всё было иначе, и он всерьёз испугался. Основной тезис официальной Москвы заключался в том, что оранжевая революция была западным, в основном американским детищем, реализованным руками неправительственных организаций при западном финансировании.

Кремль решил сделать ставку на чем-то милого ему действующего в тот момент премьер-министра Украины Виктора Януковича. При этом никому не пришло в голову, что открытая поддержка одного из кандидатов в преддверии выборов является не чем иным, как грубым вмешательством во внутренние дела суверенного государства.

Но и на этом не остановились и развязали компанию против Виктора Ющенко и Юлии Тимошенко, видимо, полностью игнорируя возможность того, что вскоре они с высокой долей вероятности могут оказаться во главе Украины. Задумывался ли кто-нибудь из вдохновителей и авторов нескончаемого антиющенского политического шоу, что наклеивание на него ярлыка антироссийского политика могло подтолкнуть его именно в этом направлении? Что, ставя всё на одну карту, Москва сама создаёт антироссийские настроения?

Разумеется, многие государства мира с той или иной долей эффективности пытаются оказывать влияние не только на правительства других стран, но и на их общественное мнение, в том числе, на выборы. При этом, однако, стараются действовать без огласки и не портить отношения с другими кандидатами. Москва же всё сделала грубо, напоказ.

Что же они, кремлёвские властители, оказались такими неуклюжими? Ответ на этот вопрос лежит на поверхности и заключается именно в том, о чём уже говорилось: нет политики.

Дипломатия, как известно из классики, является наукой и искусством, применением ума и такта. Ни одного из этих компонентов ни в Кремле, ни в Белом доме, ни в высотном здании на Смоленской площади и в его многочисленных загранпредставительствах более не наблюдается. Их руководители и сотрудники перестали пытаться идентифицировать и изучать проблемы международных отношений, искать возможные взаимовыгодные пути решения. Вместо этого бесконечно повторяются одни и те же, выдуманные без предварительного зондажа и даже по-настоящему глубокого анализа позиции, которые к тому же, разрабатываются в пожарном порядке, когда уже нельзя больше ничего не делать. Вошло в норму: гром не грянет – российский политик, дипломат не перекрестится... А играясь в геополитику, Россия уже потеряла свои позиции во многих странах.

После победы Ющенко раздражение Москвы по отношению к Украине и лично к нему только возрастало. Ющенко не скрывал свои симпатии к Тбилиси. Его стремление освободить страну от навязчивого и небезопасного присутствия в Крыму Черноморского флота России и ввести ограничения на его активность вызывали в Москве нескрываемую аллергию. Желание Ющенко сделать Украину государством-членом НАТО доводило московских правителей до белого каления. Взрыв возмущения в России вызвали мероприятия по поводу Голодомора и стремление признать его геноцидом украинского народа. В скобках напомним, что путинско-медведевский режим не идёт ни на какие антисталинские акции. Разумеется, когда Москва заявила о некорректности позиции Киева по той причине, что во время Голодомора погибли не только украинцы, в этом была доля здравого смысла. Однако ни толики его не было в истерике по поводу «антироссийской» направленности украинской политики в этой связи. В сущности, Москва должна была признать факт геноцида советской властью населения СССР, включая украинцев, что полностью соответствует исторической правде.

Поразительно, что после прихода к власти большевиков, когда Ленин и другие контрреволюционеры буквально копировали якобинскую диктатуру, российская политическая мысль не дала ничего принципиально нового: всё бралось из чужого опыта и чужих идей. Особенно грустна аналогия использования так называемых «соотечественников за рубежом» и «русскоязычного населения» постсоветских стран с передачей гитлеровской Германии Судетской области Чехословакии на основании того, что якобы чехословацкими властями постоянно нарушались права компактно проживающих там этнических немцев.

Работа по использованию в геополитических целях «соотечественников за рубежом» началась практически сразу после развала СССР, когда МИД России по поручению «сверху» поставил вопрос о необходимости защиты русскоязычного населения[81] в постсоветских государствах. В этой связи необходимо сразу подчеркнуть международно-правовую и политическую некорректность постановки вопроса о необходимости защиты не российских граждан, а неких «русскоговорящих» и «этнических россиян». Особенно странно такая постановка вопроса выглядела в контексте нежелания властей предоставлять российское гражданство людям, которых они якобы защищали. Более того, не велась рутинная дипломатическая работа по обеспечению прав человека в постсоветских странах. Её подменяли заведомо неэффективные провокационные широковещательные демарши. Другими словами, защита соотечественников за рубежом с самого начала отличалась почти неприкрытыми двойными стандартами и несравненным лицемерием.

С учётом того, что так называемая проблема «соотечественников за рубежом» начала играть особую роль в весьма неуклюжем манипулировании Москвой постсоветскими странами с самого начала правления Ельцина с одной стороны и драматичным развитием ситуации в Грузии и в других постсоветских странах – с другой, заслуживает внимание предположение о том, что это была заранее припасённая заготовка оставшихся во власти реакционеров.

Вместе с тем, проблема соблюдения прав человека в постсоветских странах действительно существовала. По оценочным дан-

---

81 Такая постановка вопроса вызвала раздражение, например, у украинцев, которые вполне справедливо указывали на то, что значительная часть русскоязычных не имеют отношения к современной России, а являются гражданами других государств или лицами без гражданства.

ным, которыми оперировала российская власть, в постсоветских государствах проживало свыше 20 млн. российских соотечественников[82]. Москву сильно беспокоило, что в большинстве постсоветских государств, за исключением Белоруссии, несмотря на формальное провозглашение равенства граждан вне зависимости от этнической принадлежности, вероисповедания, языка, сохранялось неадекватное представительство этнических россиян в органах власти всех уровней. (Тем самым Москва подтверждала, что для неё главный вопрос – власть).

Существовавшая скрытая дискриминация в сфере труда и занятости, ограничение их прав в области образования, культуры, языка имела неоднозначный характер. Дело в том, что эта категория бывших граждан СССР, для которых русский язык был не только родным, но и государственным, в одночасье и не по своей воле, оставаясь дома, превратилась в неких сомнительных нежелательных элементов. Разумеется, элементарная вежливость требует знания хотя бы основ языка титульной нации, на территории которой проживают носители пусть государственного, но другого языка. В советские времена это, однако, не поощрялось; наоборот, предпринимались попытки вытеснить русским языком языки национальные. Проводилась и целенаправленная политика заселения союзных республик русскими, причём нередко по инициативе местных властей[83].

Всячески обыгрывалось естественное в условиях суверинизации бывших советских республик и становления в них национальных языков в качестве государственных резкое сужение русскоязычного культурно-информационного и образовательного пространства, вытеснение русского языка из всех сфер государственного делопроизводства и бытового общения, обусловленное, в частности,

---

82   В Азербайджане – 340 тыс. (включая выходцев из республик Северного Кавказа), в Армении – 15 тыс., в Белоруссии – 1 млн. 200 тыс., в Грузии – 200 тыс., в Казахстане – 4 млн. 500 тыс., в Киргизии – 685 тыс., в Латвии – 900 тыс., в Литве – 307 тыс., в Молдавии – 600 тыс., в Таджикистане – 65 тыс., в Туркмении – 200 тыс., в Узбекистане – 1 млн. 200 тыс., в Украине – 11 млн. 500 тыс., в Эстонии – 400 тыс.

83   Например, в советские времена «лидер» латышских коммунистов Восс в моём присутствии хвастался, что именно он выдвинул радостно принятую Москвой инициативу селить именно в Латвии отставных военных.

внедрением языков титульных наций в качестве государственных. Этот процесс, безусловно объективный в условиях обретения бывшими советскими республиками независимости, в большинстве стран никак не смягчался с учётом сложившихся к тому времени реальностей и, на тот момент, совсем недавнего, буквально только что закончившегося прошлого.

Языковая проблема и политика форсированной «казахизации» – одна из главных причин оттока русскоязычного населения из Казахстана, получившего название «великого бегства» (за годы независимости республику покинуло около 2 млн. русских).

К началу XXI столетия процесс вытеснения русского компонента из культурной жизни Украины привёл к тому, что количество русских театров сократилось с 40 до 9, сносились памятники русской культуры, переименовывались улицы, носящие русские названия (например, во Львове улица М. Лермонтова стала улицей Д. Дудаева). В русскоговорящем Киеве количество школ, в которых преподавание велось на русском языке, сократилось более чем в 10 раз (с 155 в 1989 г. до 10 в 1999 г.). В Тернопольской, Ровенской и Киевской областях русские школы вообще были закрыты, а еще в восьми областях их осталось всего три.

В Латвии и Эстонии, как известно, аннексированных Советским Союзом в результате преступного сговора Молотова с Риббентропом, ситуация усугублялась массовым безгражданством.

Вместе с тем Москва не считала возможным открыто ставить эти проблемы перед государствами СНГ, опасаясь, по терминологии МИДа, их «болезненной и даже порой неадекватной реакции», предпочитая действовать в рамках «тихой дипломатии» (именно так это характеризовалось в МИДовских бумагах), блистательно доказавшей в данном случае свою неэффективность. Зато Москва полностью «отыгралась» на Латвии и Эстонии. Это было обусловлено ориентацией стран Балтии на вхождение в НАТО и в Европейский союз. Однако даже здесь слова (пусть даже самые жёсткие) не подкреплялись какими-либо реальными мерами, направленными на действительную поддержку этнических русских, что наглядно свидетельствует о том, что они использовались исключительно в качестве политической карты.

Сами русские в Прибалтике не раз обращались в министерство с просьбой (в том числе, лично ко мне) их не защищать – от такой «заботы» им становилось только хуже. Однако Кремль и Смоленская площадь делали вид, что не слышат этих просьб. Что же касается людей, которым действительно требовалась помощь, для них ничего сделать было невозможно – они не были нужны власти и, соответственно, неинтересны ей.

При стремлении Кремля к установлению своего доминирования, как минимум, в славянской части бывшего СССР, а также сильной зависимости России от происходящих в СНГ процессов, неуклюжесть псевдодипломатии Москвы не могла не отталкивать от неё постсоветские государства: попытки превратить этот межгосударственный квазисоюз в благопристойное прикрытие для обостряющихся противоречий нигде не встречал понимания.

Российская политика стала всё больше отдавать шаманством. Особенно очевидным это было при чтении докладов МИДа по итогам своей деятельности. В советские времена при подготовке к тяжёлым, а то и вовсе безнадёжным, переговорам на Смоленской площади шутили: мы обречены на победу. Однако эта обречённость стала непререкаемым законом внешней политики России только начиная с ельцинских времён.

Итак, к приходу к власти Владимира Путина уже была проведена большая работа по раздуванию истерии вокруг так называемых соотечественников. Это дало возможность Москве пойти весной 2007 года на крайнее обострение отношений с Эстонией. Повод для этого был найден в духе ксенофобской имперской политики Кремля: власти Таллинна решили перенести памятник советским военнослужащим, погибшим в Эстонии во время Второй мировой войны, а также их захоронение, причём с отданием всех воинских почестей. Необходимо пояснить, что большинство эстонцев считало этот памятник в центре столицы их страны символом советской оккупации: к 22 сентября 1944 года советская армия «освободила» Таллинн от законной власти Эстонии, так как немецких войск к тому времени там почти не осталось. С правительственных зданий были сняты эстонские флаги, были арестованы члены правительства Эстонии, позже частью расстрелянные, частью отправленные в ГУЛАГ. Поэтому памятник «солдату-освободителю» в центре столицы страны, аннексированной СССР по пакту Молотова-Риббентропа, а затем оккупированной вплоть до поражения путча 1991 года, выглядел там, мягко говоря, несколько странно. В народе его называли «памятником неизвестному насильнику».

Россия повела себя в этой ситуации откровенно провокационно: она утверждала, что не получала никаких уведомлений о переносе памятника и захоронений, в Эстонии организовала прорусские выступления, переросшие в волнения, а в Москве – буквально осаду эстонского посольства, причём основной «ударной группой» и в Москве, и в Эстонии, выступали представители пропутинских молодёжных организаций – «Наши» и «Молодая гвардия». Российский посол отказался присутствовать при торжественной церемонии перезахоронения останков. Мэр Москвы Юрий Лужков призвал российских потребителей бойкотировать эстонские товары, а активисты общественных движений разбили лагерь у Эстонской границы, пытаясь сорвать автомобильное сообщение между странами. Российские поставки нефти, которая обычно транспортируется в эстонские порты по железной дороге, якобы из-за ремонта полотна, неожиданно прекратились. Пассажирское железнодорожное сообщение между Москвой и Таллинном вдруг стало нерентабельно и тоже прекратилось. 9-го мая, когда в России отмечался День победы над нацистами, российская сторона неожиданно закрыла основную, соединяющую две страны, автомагистраль для проезда тяжелых грузовиков, заявив, что мост через реку Нарову находится в плохом состоянии.

Население страны дезинформировалось через российские СМИ насчет сотен арестованных, жестоко избиваемых в терминале таллиннского порта, о том, будто погибший в ходе беспорядков россиянин был забит насмерть полицейскими дубинками, тогда как он стал жертвой банальной поножовщины. Была также вброшена дезинформация о том, что «бронзового солдата» распилили. Всё это сопровождалось провокационными призывами к «бронзовой революции» в Эстонии, к восстанию, которое будто бы 9 мая должна поднять вся русскоязычная община Эстонии.

Одновременно с этим в подмосковном городе Химки был перенесён памятник погибшим воинам, другие воинские захоронения разрушены; никакой реакции ни властей, ни общественности, это не вызвало.

Нет сомнений, что Москва, с учётом высокого процента русскоязычного населения в Эстонии, пыталась взорвать там ситуацию изнутри, всячески помогая этому действиями на своей территории.

Имперский синдром в сочетании с политической некомпетентностью и безответственностью привели к тому, что Россия повела себя непристойно (или, в ином случае, бесконечно цинично) в отношении принципа нерушимости границ. Декларируя на словах приверженность этому принципу, на постсоветском пространстве, Кремль ещё со времён президентства Ельцина проводил политику, направленную на поддержку сепаратистов из Приднестровья в Молдавии, на расчленение Грузии путём отделения от неё Южной Осетии и Абхазии, большинству жителей которых вопреки нормам международного права Россия выдала свои паспорта.

Особое звучание российская политика по этим вопросам приобрела после провозглашения независимости Косово и его признанием рядом западных стран. Российская дипломатия напоказ выступила против такого признания, но в то же время, не без плохо скрытого удовлетворения восприняла это как «прецедент», развязывающий ей руки в отношении признания независимости Абхазии и Южной Осетии.

Нельзя не признать, что в Грузии действительно существовали и существуют весьма острые проблемы.

Одна из них связана с Абхазией. Не вдаваясь в детали и в выяснение исторических и иных вопросов (это может стать предметом отдельного исследования), надо констатировать, что абхазская проблема была создана в первые же годы правления большевиков и что абхазы с тех пор стремились к независимости от Грузии. Однако её международно-правовой статус с момента распада СССР не оставляет места для двусмысленности: Абхазия по действующему международному праву входит в состав Грузии, нравится это кому-то или нет. Абхазский сепаратизм получил после распада СССР мощную не только морально-политическую, но и военную поддержку Москвы.

Другая «болевая точка» Грузии – Южная Осетия, тоже досталась в наследство от советских времён. Дело в том, что Осетия, а вместе с ней и осетинский народ, оказались после кончины СССР в разных государствах: как Южная Осетия входит в состав Грузии, так Северная – России. В советский период это не имело существенного значения, тем более, на человеческом уровне – внутренние границы в СССР были административными и для людей неощутимыми. В момент похорон СССР ситуация резко изменилась.

Третья, субъективная, проблема заключалась в личности пришедшего к власти в 1991 году Звиада Гамсахурдии, поставившего Грузию на грань национальной катастрофы.

Российские власти считали (или делали вид, что это так), что Грузия активно помогала чеченским боевикам. Это было достаточно спорное мнение с учётом активной роли чеченцев в грузино-абхазском вооружённом конфликте на стороне абхазских сепаратистов. В любом случае, это было крайне выгодное для Москвы утверждение, способствующее решению сразу двух задач: придания терроризму на российской территории международного статуса и усиления давления на Грузию.

Москва всячески подталкивала Абхазию и Южную Осетию к сепаратизму. Разумеется, имея при этом в виду, что они войдут в состав России. «Из Абхазии мы не уйдём никогда», – напрямую заявил на совещании дипломатического состава один из ведущих тогда и сохраняющий до сих пор свои позиции министр, когда в 1992-1996 годах я работал в постпредстве при ООН в Женеве. Как уже говорилось выше, грузинским гражданам – абхазам и осетинам – начали выдавать российские паспорта. Конфликт между Тбилиси и Абхазией вынудил Шеварднадзе сделать Грузию членом СНГ с тем, чтобы хоть как-то нейтрализовать российскую агрессивность в отношении Тбилиси.

В декабре 2000 года Россия в одностороннем порядке под явно надуманным предлогом неготовности Грузии выходить на взаимоприемлемые договоренности по должному обеспечению безопасности российско-грузинской границы ввела визовой режим взаимных поездок граждан России и Грузии. Один из главных аргументов заключался в том, что Грузия якобы поддерживала чеченский «международный терроризм», что в Панкисском ущелье и в ряде населенных пунктов Ахметского района скопились криминальные элементы, в том числе чеченские экстремисты, что там действовали центры подготовки боевиков, госпитали для их лечения «под крышей» гуманитарных миссий, всегда вызывавших неприкрытую ненависть спецслужб, скрывались организации, осуществляющие материально-техническое и финансовое обеспечение террористов.

Пророссийским Абхазии и Южной Осетии как бы предоставлялся «особый статус» – там визовой режим не вводился. Москва при этом акцентировала, что международное сообщество не принимало решения об их блокаде, а также тот момент, что её установление поставило бы население этих регионов за грань физического выживания, привело бы к гуманитарной катастрофе. Не забывали московские политики и о том, что жители Абхазии и Южной Осетии в подавляющем большинстве не имели грузинских документов, а поездки в Тбилиси в единственное российское консульское учреждение в Грузии для получения виз якобы были бы сопряжены для них с реальной угрозой их безопасности. А по имперской логике установление на абхазском и югоосетинском участках границы визового порядка фактически означало бы «блокаду» этих регионов Грузии. При этом не скрывалось, что заработки и снабжение населения этих регионов напрямую связаны с Россией, лишение возможности пересекать российскую границу наверняка обернулось бы для проживающих там людей гуманитарной катастрофой.

Грузинская сторона небезосновательно оценила сохранение безвизового порядка на абхазском и югоосетинском участках российско-грузинской границы как аннексию Россией этих районов.

Более того, как уже упоминалось выше, с начала 2000-х годов Россия начала раздавать жителям Абхазии и южной Осетии российские паспорта, тем самым конвертируя население сепаратистских республик в своих граждан, которых не только можно, но и необходимо защищать. Подготовка к разделу Грузии вступила в принципиально новую фазу с очевидными историческими аналогиями.

Приход к власти в Грузии в результате революции роз прозападно настроенного президента Михаила Саакашвили вызвал в Москве резко негативную реакцию. Сам факт широкого народного движения, приведшего к смене власти, не укладывался в головах у архитекторов и строителей «вертикали власти». Но это было ещё полбеды. Гораздо сильнее Москву напугала решимость нового грузинского президента сохранить территориальную целостность страны.

Российские власти крайне болезненно восприняли политику Саакашвили, направленную на всестороннее сближение Грузии с Западом и на вступление в НАТО, которая по старой советской инерции воспринимается Москвой как враждебная России организация.

Крайне выразительное, особенно в свете дальнейших событий, и невероятное по дипломатическим меркам событие произошло при подготовке визита министра иностранных дел России Сергея Лаврова в Грузию в феврале 2005 года: он отказался посетить в Тбилиси мемориал грузинских военных, погибших за территориальную целостность Грузии в начале 1990-х годов.

В марте 2006 года Россия запретила транзит из Грузии сельскохозяйственной продукции из третьих стран, утверждая, что нередко она поступала по фальшивым сертификатам. Вскоре Россия наложила запрет на ввоз грузинских вин и минеральной воды «Боржоми», ссылаясь на их «плохое качество». Главный санитарный врач России открыто выступил в качестве политической фигуры, перенеся карательную медицину с внутрироссийского на межгосударственный уровень

Шпионский скандал, когда в сентябре 2006 года сотрудники департамента контрразведки Грузии задержали в Тбилиси и Батуми пятерых российских военнослужащих по обвинению в шпионаже, Москва представила как антироссийскую провокацию. Отметился по этому поводу и Путин, который охарактеризовал происшедшее как «признак правопреемства политики Лаврентия Павловича Берии как внутри страны, так и на международной арене». Как говорится, *на воре шапка горит*. 30 сентября МВД Грузии распространило видеоматериалы и записи телефонных разговоров, связанные с деятельностью задержанных по обвинению в шпионаже российских военных. По информации МВД, помимо шпионажа они занимались и диверсионной и террористической деятельностью. В частности, по сведениям грузинских властей, арестованные российские шпионы были замешаны в теракте в Гори (Восточная Грузия) в 2005 году, во взрывах ЛЭП «Лиахви» и «Картли-2», а также железнодорожного полотна в Каспи 9 октября 2004 года, нефтепровода в Хашури 17 ноября 2004 года.

Стенания Москвы относительно того, что грузины специально раздули этот скандал, в этой связи представляются совершенно беспочвенными.

Ответные действия Москвы были беспрецедентны. В октябре 2006 года Россия прекратила авиационное сообщение с Грузией. Тогда же было прекращено и прямое почтовое и транспортное сообщение между двумя странами. Россия отозвала своего посла и других дипломатов из Тбилиси, а также прекратила выдачу виз гражданам Грузии. В Москве начали закрываться грузинские рестораны и казино. В школах составлялись списки учеников грузинской национальности. Была развёрнута атигрузинская пропагандистская кампания, грузинские бизнесмены в России начали испытывать особые сложности.

В июне 2006 года в ответ на требования Запада вывести российские войска с территории Молдавии и Грузии российский МИД официально и открыто объявил, что непризнанные республики на постсоветском пространстве имеют право на самоопределение. Другими словами, Москва заявила о своей готовности признать сепаратистские режимы в Приднестровье, Абхазии и Южной Осетии. Это стало «наказанием» за то, что Кишинев и Тбилиси стали укреплять связи с Западом, объявив о своей европейской ориентации.

Лозунг опричников требовал, чтобы за словами последовали дела, которыми стали торговые и газовые войны против Грузии и Молдавии. Но и этого Москве показалось недостаточным: она стала открыто выстраивать двусторонние отношения с властями непризнанных республик, президентов Приднестровья, Южной Осетии и Абхазии стали демонстративно принимать в МИДе, заключать с ними двусторонние соглашения об экономическом сотрудничестве и финансовой помощи на правительственном уровне.

В ноябре 2007 года опять заговорили об антигрузинских действиях российских спецслужб, которым инкриминировалось обострение ситуации в связи с многодневным антиправительственным митингом в Тбилиси. Председатель парламентского комитета по обороне и безопасности Гиви Таргамадзе на специальном брифинге обнародовал записи телефонных переговоров некоторых лидеров оппозиции с сотрудниками российских спецслужб. «Эти люди открыто согласовывали свои действия и планы с российской разведкой.

Сотрудничество началось не сегодня, оно имеет давнюю историю. Мы раньше не говорили об этом, но сейчас заявляем открыто: то, что происходит сейчас в Тбилиси, – не что иное, как прямая и массированная атака России на Грузию», – заявил Гиви Таргамадзе. Потрясением для грузин стала информация о том, что в списке агентов российских спецслужб значатся лидер Лейбористской партии Шалва Нателашвили, член руководства Республиканской партии Леван Бердзенишвили, экс-госминистр Георгий Хаиндрава, лидер партии «Свобода», сын первого президента Грузии Константин Гамсахурдиа. Записи их телефонных разговоров с российскими разведчиками передавались по грузинскому телевидению.[84]

Не может не вызвать возмущения, что Россия отказала гражданам Грузии, в том числе детям, в эвакуации из Ливана во время конфликта в той стране в июле 2006 года.

В августе 2008 года Россия начала широкомасштабную войну против Грузии, лицемерно прикрываясь своей обязанностью защищать российских «миротворцев» и иных российских граждан. Разумеется, такое идеологическое прикрытие было неплохо подготовлено Москвой: Грузия регулярно обстреливалась с территории Южной Осетии. Эти обстрелы и спровоцировала Тбилиси начать военные действия, что и было надо Москве. Разумеется, Россия легко выиграла эту войну на пророссийски настроенной части Грузии – ведь это не была война против народа, как в Афганистане или в Чечне.

Сумев спровоцировать Грузию, давшей повод для наказания неугодного Кремлю режима и, главное, для расчленения этой прекрасной страны, российские политики реализовали свой замысел, который уже был сформирован в первой половине 1990-х годов: из Абхазии мы не уйдём никогда. Уже тогда, при Борисе Ельцине, партия реванша, партия войны была мощной, но не решающей судьбы страны силой – её сдерживал президент и либералы во власти. Подарив власть Путину, Ельцин по существу отдал её спецслужбам со всеми их мрачными традициями, условными рефлексами, специфическим менталитетом.

---

84   Зураб Имнаишвили, Юрий Рокс. Побоище в центре Тбилиси. В попытке ноябрьского переворота Грузия обвиняет Россию // *Независимая газета*, 8.11.2007.

Конечно, российско-грузинская война, не могла не аукнуться и в отношении Молдавии. (В скобках отметим, что жителям Приднестровья также были розданы российские паспорта). Встречаясь в конце августа 2008-го года с президентом Молдавии Владимиром Ворониным, Дмитрий Медведев не постеснялся провести прямую аналогию между происшедшим в Грузии с тем, что может случиться с Молдавией.

Не вдаваясь в перипетии этого конфликта, нельзя, однако, не упомянуть о его некоторых аспектах. Прежде всего о том, что Бессарабия, ставшая частью Молдавской ССР, была присоединена к России в 1940 году в соответствии с пресловутым пактом Молотова – Риббентропа. В этой связи нельзя считать случайными настроения значительной части молдаван в пользу воссоединения страны с Румынией, с чем категорически не согласны русскоязычные жители сепаратистского левобережья Днестра.

Приднестровский регион, занимающий 12% территории Республики Молдова, представляет существенный интерес для России. Там сосредоточено 28% промышленного производства Молдовы, основу которого составляют крупные предприятия бывшего оборонного комплекса СССР. На долю Левобережья приходится 90% вырабатываемой этой страной электроэнергии (Молдавская ГРЭС). Через Приднестровье проходит газопровод, по которому российский газ, пройдя Украину, экспортируется в Румынию и Болгарию. Заинтересованность России в экономическом сотрудничестве с Приднестровьем обусловливается наличием там развитого агропромышленного комплекса, а также мощностей легкой, электронной, радиотехнической и оборонной промышленности, машиностроения, металлообработки; она является главным внешнеэкономическим партнером Приднестровья, доля которого составляет 80%. Со своей стороны Приднестровье зависит от поставок российских энергоносителей (прежде всего, природного газа, а также нефтепродуктов), цветных и. черных металлов, деловой древесины, автомобилей, целлюлозно-бумажной продукции, труб, ряда видов строительной и сельскохозяйственной техники, а также привлечения инвестиций для модернизации Молдавской ГРЭС. Многие предприятия Приднестровского региона почти полностью работают на российском сырье.

Политика Москвы в отношении Приднестровья была во многом сходна с политикой в отношении Абхазии и Южной Осетии: там также был взят курс на расчленение Молдовы. И опять используя русскоязычное население.

Самое парадоксальное, что российско-грузинская война недостаточно аукнулась в отношениях с Западом. Российские власти были готовы в одночасье обрушить с трудом достигнутое более чем за сорок лет кропотливой работы – нормальные партнёрские отношения с демократическими странами. Западные лидеры предпочли этого «не заметить». В извечной для России борьбе «голубей» и «ястребов», последние одержали сокрушительную победу. Как уже не раз бывало в российской истории, это – победа над собственной страной, над её народом, над здравым смыслом.

Западные лидеры, не приняв аннексию Россией Абхазии и Южной Осетии, не сочли её достаточным основанием для того, чтобы портить отношения с Москвой. Тому может быть несколько объяснений. Одно из них заключается в страхе перед тем, что ещё может натворить это огромное разбушевавшееся государство с повреждённой памятью и отсталостью умственного и нравственного развития своих правителей. Другое – в зависимости Запада от российских энергоносителей. Даже если эти две наиболее вероятные гипотезы соответствуют действительности, нельзя не констатировать аморальность политики Запада. Причём речь идёт не только о её аморальности по отношению к России, к её населению, к Грузии, а об их собственных странах.

Как известно, лишённый здравого смысла человек отвратителен. Но не менее отвратителен человек, состоящий исключительно из здравого смысла. Спору нет: прагматизм необходим. Но он не может быть единственным мотивом деятельности правительств. Политика не может основываться только на нефти и газе. Это недостойно европейской цивилизации. Так же как недостойно смотреть сквозь пальцы на грубые и массовые нарушения всего спектра прав человека в России, на стремительно прогрессирующее скатывание страны к тоталитаризму, на появление новых опасностей международной безопасности.

***

...Россия долго шла к возобновлению конфронтации с Западом. После развала СССР первоначально эту тенденцию нейтрализовывали реально мыслящие политики. Постепенно их влияние уменьшалось, многие из них остались не у дел. Особенно отчётливо мне это было видно, когда я работал в Совете безопасности. Восхождение к власти спецслужб сделало неизбежным ужесточение российской политики. Я по своему опыту знаю, насколько профессия и даже специализация в её рамках влияет на мировоззрение. Если говорить даже о дипломатической службе, то, например, американисты, как правило, отличались большей жёсткостью, европеисты, напротив, гибкостью, склонностью к поискам компромиссов. Что же говорить о людях, мыслящими категориями «угроз», «врага», «противоборства»? Но совершить резкий поворот, сохранив при этом лицо (или маску?) было невозможно. Требовалась длительная подготовка, в том числе, для того, чтобы заангажировать западных лидеров. Внушив симпатию президенту Дж. Бушу-младшему, взяв на работу экс-канцлера ФРГ Г. Шрёдера, Путин счёл момент подходящим для смены своей политической маски, надеваемой для Запада.

Провозгласив в связи с российско-грузинской войной устами своего президента Дмитрия Медведева готовность к возобновлению с таким трудом преодолённой холодной войны, Москва поставила на карту имперских амбиций сотрудничество с Европейским союзом, с НАТО, реальность перспективы вступления в ВТО... Другими словами, вернулась к порочному внешнеполитическому курсу, который привёл к экономическому и политическому краху Советский Союз и, в конечном итоге, к распаду советской империи.

Что же касается Запада, он предпочитает себя вести по отношению к России «политкорректно». Это только усугубляет ситуацию.

Встав на путь реваншизма, Россия вновь вступила на путь саморазрушения. Саморазрушения организационного, т. к. современная Россия тоже представляет собой отнюдь не моногенную империю. Саморазрушения нравственного, так как отрицание человеческого в человеке и в политике означает ни что иное, как то, что известно как право на бесчестие, которым так радостно воспользовались Путин, Медведев и иже с ними.

***

Нельзя не признать, что в возрождении холодной войны и в откате России от демократии Запад сыграл весьма значительную роль, упустив исторический шанс подтолкнуть страну в направлении подлинной демократии. Начало цепочки этих ошибок относится к временам Горбачёва, когда лидеры, политические деятели и дипломаты демократических стран не могли или не хотели поверить в искренность реформаторских намерений нового советского лидера и его дипломатии. Недаром одна из ключевых фраз в нобелевской лекции буквально взывала: мы хотим быть понятыми. Но при небывалой открытости и готовности к компромиссам горбачёвской внешней политики Запад продолжал проводить традиционную дипломатию давления на своего давнишнего потенциального противника. Более или менее Горбачёву поверили слишком поздно. Потом в рамках своей *Realpolitik* Запад (и прежде всего США) поддержал победителя – Ельцина, не способного, как уже говорилось выше, приподняться над уровнем партийного бонзы.

Но и в отношении Ельцина была допущена серия вопиющих ошибок. Например, когда этот полуграмотный лидер великой державы, заявил, что возглавляемая им страна хочет вступить в НАТО, Запад мог бы быть умнее и напрямую не отвечать, что мы вас туда не приглашали. Невероятно податливый чужому влиянию и легко внушаемый Ельцин был крайне уязвлён, а реакционная часть его окружения получила мощнейший аргумент против сотрудничества с Западом.

Дальше наступает кошмар и для России, и для Запада – путч 1993 года. Запад, естественно, делает ставку на Ельцина и *de facto* благословляет любые действия в пользу наиболее демократической на тот момент власти. К президентским выборам 1996 года Запад так напуган весьма реальной возможностью прихода к власти коммунистов, что поддерживает Ельцина всеми силами[85]. Первая чеченская война, вопреки общественному мнению, на этом фоне западными политиками замалчивалась. Всё спуская с рук президенту

---

85   Вплоть до передачи из рук в руки чемодана денег, предназначенных для поддержки избирательной кампании Ельцина членом правительства одной из демократических стран известному этому правительству стороннику первого президента постсоветской России.

Ельцину, Запад сделал не только возможными, но и неизбежными массовые и грубые нарушения прав человека в России, геноцид собственного населения в Чечне, *назначение* на пост президента страны офицера КГБ Владимира Путина со всеми вытекающими из этого последствиями.

В этой связи нельзя не сделать следующую оговорку. В советской политике времён горбачёвской перестройки действительно доминировали идеалы. Вместе с тем, иногда, когда говорят о политике идеалов, её невольно представляют как нечто оторванное от реальностей. Разумеется, такой подход не имеет ничего общего с действительностью. Горбачёв поставил, казалось бы, нереализуемые цели, некоторые из которых таковыми и оказались: снижение военной опасности, создание общего европейского дома, создание безъядерного ненасильственного мира во внешней политике и построение социализма с человеческим лицом через демократизацию СССР и предоставление его гражданам всего спектра прав человека – во внутренней. Стремясь реализовать эти цели, он, с одной стороны, был вынужден лавировать в преимущественно враждебном по отношению к реформам тогдашнем высшем руководстве – Политбюро, а с другой – буквально пробивать стену недоверия и непонимания со стороны западных партнёров, которым действительно трудно было поверить в искренность нового советского лидера. Таким образом, политика идеалов проводилась в реальном и во многом враждебном этим идеалам мире. Ведь если политика не учитывает реальности и не является искусством возможного, это уже не политика. Другое дело, как оценивать, что возможно, а что нет. Что же касается политики идеалов, то она расширяет рамки возможного.

Опыт политики Горбачёва наглядно иллюстрирует отсутствие противоречий между политикой идеалов и реальностью.

Вместе с тем, политика, основанная на реальностях и *Realpolitik* – отнюдь не одно и то же. Разумеется, любое определение условно и термин *Realpolitik*, под которым часто понимается основанная на реальностях и свободная от идеологии политика, является достаточно лукавым. Если абстрагироваться от скомпрометировавшей себя коммунистической идеологии, с которой чаще всего ассоциируется это слово и обратиться к его изначальному смыслу, свобода от идеологии предстаёт в весьма сомнительном виде. Для того, чтобы в этом убедиться, достаточно вспомнить изначальное значение этого термина: ιδεα по-гречески означает образ, идея, а λογος – слово, разум, учение; от слова ιδεα произошло и латинское слово идеал (idealis). То есть, *Realpolitik* выглядит чем-то подчёркнуто бездушным и циничным. Плюс к этому, политика, не основанная на реальностях, лишена смысла, что обесценивает сам термин *Realpolitik*.

В-третьих, любая политика основана на том или ином понимании интересов, всегда несвободного от образов и идей их носителей: свобода от идеологии выглядит весьма странно и в этом контексте. Вряд ли имеет большое значение, по каким соображениям действовали, например, Сталин и Гитлер – идеологическим, геополитическим или другим, верили ли они сами в собственные лозунги или действовали, сообразуясь с *Realpolitik*. Важно другое: итоги их злодеяний и закономерный крах их режимов. Не углубляясь в генезис, трактовки и оценки понятия *Realpolitik* и их анализ, можно констатировать, что оно преимущественно используется для оправдания цинизма политики, её неблаговидных целей и средств для их достижения. Расхожая среди современных российских политиков псевдо-истина, гласящая, что политика – дело грязное, основывается именно на таком их понимании *Realpolitik*.

Запад не смог или не захотел выйти за рамки традиционных подходов. Даже такой мотивированный к стимулированию демократических изменений в СССР дипломат как заместитель Госсекретаря США Ричард Шифтер, несмотря на очевидный к 1988 году прогресс в СССР по обеспечению прав человека и успех советско-американских переговоров в этой области, косвенно признаёт свою неготовность, также как неготовность своих единомышленников к нестандартным прорывным подходам. Например, Государственному департаменту США требовались некие подтверждения искренности советского курса в этой области для согласия на принятие Итогового документа Венской встречи государств-участников СБСЕ.

Администрация уходящего президента Рональда Рейгана, и особенно Джордж Шульц, были заинтересованы в успехе Вены для того, чтобы открыть дорогу для начала переговоров по обычным вооружённым силам в Европе. Дело в том, что советская дипломатия со своей стороны обусловила своё согласие на принятие Венского документа договорённостью о проведении в Москве совещания по правам человека. Решиться на это американцам было непросто, и они выдвигали определённые условия, выполнение которых они считали необходимым для своего согласия. В ходе трёхчасовой беседы с Анатолием Ковалёвым, занимавшим тогда вторую позицию в МИД СССР, Шифтер, в частности, поставил ключевой для американцев вопрос об отказниках, подчеркнув, что число дел, рассмотренных в ускоренном порядке, должно быть значительным. Ход своих размышлений для ответа на уточняющий вопрос, что под этим подразумевается, он излагает следующим образом.

Администрация Рейгана имела примерно шесть недель для того, чтобы выяснить, возможно ли согласие в Вене, пока она оставалась у власти. Назвать слишком значительную цифру было рискованно: советское внешнеполитическое ведомство могло с ней не справиться. Однако при пятидневной рабочей неделе было реально два дела рассматривать до обеда, два после, то есть за неделю, по его мнению, советская бюрократическая система могла рассмотреть двадцать дел. Исходя из этого, американский дипломат назвал цифру 120 и на следующий день получил предложение передать советской стороне список на это количество отказников, что по существу означало согласие[86]. С одной стороны, казалось бы, прекрасный пример взаимодействия для достижения общих и действительно благородных целей.

С другой, в приведённом рассказе американского дипломата, несмотря на явные элементы свежих и позитивных подходов, явно просматривается недостаточное доверие к советским собеседникам и недопонимание того, в МИДе были только рады подобным демаршам, которые позволяли его сотрудникам решать давно назревшие проблемы в интересах собственной страны. Тот же Анато-

---

86   См.: Ричард Шифтер. Воздействие Соединённых Штатов на советскую эмиграционную политику // Бурлацкий Ф. М. (ред.). *Проблемы прав человека в СССР и в России*. М.: «Научная книга», 1999. С. 137-138 (Анатолий Ковалёв там ошибочно называется Феликсом Ковалёвым); Anatoly Adamishin and Richard Schifter. *Human Right, Perestroika, and the End of the Cold War*. Washington. D.C. United Institute of Peace Press, 2009. P. 170-171.

лий Ковалёв в доверительной беседе с автором сокрушался, что Шифтер не попросил большего.

Вместе с тем, многие западные политики действовали именно в традициях *Realpolitik*, используя сложившуюся в СССР, особенно после августовского путча 1991 года, ситуацию, стремились максимально повернуть её в свою пользу, порой не особенно задумываясь об отдалённых последствиях. В целом, в период горбачёвской перестройки возникло взаимодействие *Realpolitik* с *политикой идеалов* Горбачёва-Шеварднадзе-Яковлева, но после корректировки американской политики президентом Дж. Бушем в сторону большего «прагматизма», они потерпели крах.

С развалом СССР позиции *Realpolitik* на международной арене значительно упрочились. Это во многом стало парадоксальным результатом того, что Запад утратил такой критически важный компонент своей политики, как вопрос о том, каким образом сосуществовать с этим непредсказуемым и вооружённым до зубов гигантом. В результате, начиная с 1990-х годов политическое пространство прочно захватила так называемая политкорректность. Не будем забывать, что латинское слово correctus означает улучшенный, исправленный.

Таким образом, в изначальном смысле оно никак не может быть применимо к политике, требующей известной, порой весьма серьёзной жёсткости для отстаивания подлинных или ложно понятых интересов. Ведь если исходить из того непреложного факта, что политика это наука, то она несовместима с приукрашиванием действительности. Разумеется, могут быть и исключения, но они всегда преследуют прагматичные цели. Любой современный словарь даёт два толкования слова корректность: вежливость и точность. Разумеется, вежливость в политике, как и в обычной жизни, необходима. Но она не должна подменять собой точность. Ведь политика подобна шахматам, где неправильная оценка позиции означает неминуемое поражение и поэтому политики должны просчитывать свои политические решения на много ходов вперёд. Другое дело, что шахматисты, впрочем, как и политики, бывают как блестящими, так и бездарными.

В этой связи среди шахматистов вспоминаются имена Александра Алёхина, Михаила Талля, Бобби Фишера, Гарри Каспарова, среди политиков – Шарля де Голля, Конрада Аденауэра, Михаила Горбачёва... А бездарностей никто, кроме специалистов, не помнит на следующий день после их ухода, каких бы карьерных высот они ни добились – будь то чемпион мира или руководитель пусть даже самой крупной державы. Однако, в отличие от шахматистов, многие политики остались в истории из-за своей некомпетентности и не-дальновидности, а кое-кто даже из-за совершённых ими преступлений. Думается, список таких антигероев ещё не закрыт.

Политкорректность или другие причины обусловливает то, что некоторые политики и учёные (что уж вовсе необъяснимо) продолжают делать вид, что в России всё, как минимум, не так уж и плохо. Более того, когда одного крупного западноевропейского псевдоученого спросили, не тревожит ли этого якобы специалиста по России изобилие офицеров спецслужб в российской власти, последовал поразительный ответ: КГБ-мол не более чем нечто вроде академии для подготовки высшего звена руководства страны. Но здесь не место вступать в полемику или живописать преступления этой организации, анализировать присущий её офицерам менталитет.

Во времена разрядки международной напряжённости запад-ные лидеры вели себя более пристойно, чем после развала СССР. Они шли – не могли не идти по объективным причинам – на диалог с СССР, но не расшаркивались перед его руководством, тем более, не изливались перед ним в дружеских чувствах. Как ни парадок-сально, более пристойно вели себя и советские владыки. Например, они не занимались нефтегазовым шантажом своих партнёров. Да и безобразия внутри страны старались камуфлировать с оглядкой на реакцию Запада. С другой стороны, камуфляжа и теперь хватает.

Но как себя вести с зачастую неадекватным хозяином мощной и крайне опасной державы? Как держаться с его преемником, о ко-тором, конечно, все всё понимают? (Или всё-таки не понимают?) Политкорректность, являющаяся производным от *Realpolitik* – это ядовитый побочный продукт цинизма, страха, лицемерия и полити-ческой недальновидности. Только она позволяет поддерживать тех, кого в нормальной системе координат поддерживать невозможно.

Наверное, истоки политкорректности надо искать в Мюнхене 1938 года, где, мягко говоря, далеко не самые дальновидные лиде-ры Великобритании и Франции проявили политкорректность в отношении рейхсканцлера Германии Адольфа Гитлера, возжелавшего получить от Чехословакии Судетскую область. Чем это закончилось, хорошо известно.

Именно этот позорный ярлык – Мюнхен – напрашивается применительно к политике некоторых западных стран в отношении России. Он применим к широкому спектру вопросов – от фактического молчаливого согласия с расчленением Грузии, преступлений в Чечне, политических убийств, до готовности не обсуждать с российскими властями вопросы прав человека и демократии.

Проводимая Западом политкорректная *Realpolitik* уже обернулась и против него самого, и против России, которую нельзя путать с её властями.

В этой связи уместно обратиться к мнению Владимира Буковского, который писал: «хитроумно-наивные теории лишь усиливают несвободу, разжигают аппетиты хищников, вводят двойные стандарты, подрывают моральные основы самих западных обществ, порождают бессмысленные иллюзии и надежды. Близорукая политика бесконечных уступок и компромиссов создала это чудовищное государство, вскормила его и вооружила. Затем, не придумав ничего лучшего, вскормила и вооружила Гитлера и поставила все человечество перед необходимостью воевать за то, какого цвета будут в мире концлагеря – красные или коричневые.

Выбирайте теперь – рабство или смерть. Другого выхода ваши теоретики вам не оставили. Нет, ни атомные бомбы, ни кровавые диктатуры, ни теории «сдерживания» или «конвергенции» не спасут демократии. Нам, родившимся и выросшим в атмосфере террора, известно только одно средство – позиция гражданина».[87] Разумеется, позиция гражданина, о которой говорит Буковский, никак не совместима с пресловутой политкорректностью – ни во внутренней политике, ни в международных делах.

К сожалению, история и историки сейчас не очень популярны ни среди политиков, ни среди избирателей. Ценятся технократы и прагматики, которые зачастую не только не очень сведущи в прошлом и в его уроках, но и считают, что они не нуждаются в советах соответствующих экспертов. В результате то, что они делают, осно-

---

87 Boukovsky. *...Et le vent teprend ses tours.*. P. 237.

вывается не на реальностях, а на мифах и некомпетентности, и политикой считаться не може.

Заключение

Даже достаточно беглый обзор происходящего в России показывает, что она представляет безусловную опасность для себя и окружающих. Помимо к сожалению, получившего взрывное развитие в советский период империализма, наибольшие риски, насколько представляется, связаны с её ментальностью. Во многом они имеют традиционный характер, как, прежде всего, рабство, в том числе, рабство привилегированных классов. О другой традиционной российской особенности в своё время написал Пётр Чаадаев, который отмечал среди «наиболее печальных черт нашей своеобразной цивилизации» тот факт, что «мы еще только открываем избитые для других истины». «Стоя как бы вне времени, мы не были затронуты всемирным воспитанием человеческого рода», – писал он. При этом Чаадаев утверждал, что народы – существа столь же нравственные, как отдельные люди.

Говоря современным языком, основоположник отечественной политологии поставил стране диагноз – инфантилизм. Присущие инфантилизму стремление получить желаемое, не прилагая для этого никаких усилий, уверенность в своей безнаказанности, непререкаемая убеждённость в собственной правоте, нежелание и неумение уживаться с другими и считаться с их интересами, неоправданная жестокость, агрессивность, возведённый в абсолют эгоцентризм – всё это характерно для содержания и стиля не только современной российской политики – внутри и вовне, но человеческого общения, бизнеса и других сторон жизни России. Неумение ужиться с другими относится не только к другим странам, народам, культурам, вероисповеданиям – в качестве «врагов» нередко воспринимаются жители соседних улиц, других районов города, других деревень. От инфантилизма идёт и традиционное, нередко недостаточно осмысленное, подражание другим: немцам при Петре Первом и Павле Первом, французам при Александре Первом...

Сочетание рабской психологии и инфантилизма опасно уже само по себе. Но его опасность многократно возрастает из-за мес-

сианства, взращенного во многих поколениях со времён большевистского переворота. Это и стало главными ингредиентами гремучей
смеси под названием новый российский империализм.

Неподконтрольность власти со стороны населения с одной
стороны и повышенная внушаемость этого населения – с другой,
делают возможными любые авантюры московских владык.

У значительного большинства населения страны из-за массового обнищания, демагогического жонглирования демократическими
лозунгами и массированной лжи со стороны власти в 1992 – 1999
годах выработалось стойкое отторжение от демократии. Возникшая
ностальгия по ломовой руке обеспечивает популярность жёстким, в
том числе силовым подходам и акциям как внутри, так и вовне. В
условиях отсутствия независимых от властей сколько-нибудь влиятельных средств массовой информации им, властям, гарантировано
подходящее и безальтернативное идеологическое обеспечение.

В этих условиях вероятность демократической эволюции страны настолько мала, что в обозримой перспективе не может всерьёз
приниматься в расчёт по следующим причинам. Во-первых, это обусловлено усталостью от псевдодемократии по Ельцину и тем, что
демократическая реформация Горбачёва связывается большинством населения с его обнищанием и с развалом страны, о чём говорилось выше. Одновременно относительное благосостояние в массовом сознании ассоциируется с припутинским ливнем нефтедолларов, который совершенно безосновательно отождествляется с его
жёсткой авторитарной политикой. Во-вторых, в современной России
нет и не предвидится ни одного политика, способного возглавить
демократическое движение. Такая ситуация обусловлена доминиру-
ющими среди россиян настроениями, а также тем, что Кремль за-
гнал демократов и либералов в информационно-политическое гетто.

Говоря об эфемерности демократической перспективы России
в обозримом будущем, уместно обратиться к статье[88] одного из лидеров демократического движения в СССР в период перестройки
Юрия Афанасьева. Он считает, что «народ наш по-прежнему не
стал народом – субъектом истории, но остается народом – ее мас-

---

88   Юрий Афанасьев. Мы не рабы? (Исторический бег на месте: «особый
      путь» России) // *Новая газета*. Цветной выпуск от 05.12.2008.

сой, толпой истории. Лишь в последние 18–20 лет аморфная, ато-
мизированная русско-советская масса начала структурироваться,
но, увы, не на гражданской, а на кланово-преступной основе». При
этом Афанасьев констатирует «возврат современной России на круги своя, ее возвращение в русскую и советскую колею», которую он
характеризует как «повторяемость, неизменность, многовековую
структурную стабильность – эту постоянно изменяющуюся неизменность». Неотъемлемыми компонентами этой колеи, по Афанасьеву,
являются «русское православие, мессианство и экспансионизм,
привычки людей, их мировидение». Эти «составляющие, постоянно
переплетаясь, взаимодействуя, изменяясь (иногда до неузнаваемо-
сти)… торили ту самую «русскую колею», на которую мы вроде бы
вернулись сегодня». При этом Афанасьев уточняет, что «на самом
деле «вернуться» по-нашему означает всего-навсего оказаться сно-
ва там, откуда, если присмотреться, никогда и не уходили».

Эта мысль имеет особое звучание в контексте следующего тезиса, содержащегося в статье: «Для Сталина окончательным решением вопроса о «построении социализма» стало полное, повсеме-
стное истребление социальности как таковой… Сталин, продолжая
дело Ленина, добился окончательного решения «социального вопроса»: социальность как некий живой, очеловеченный слой земли
на всей территории СССР, как некий человеческий гумус была полностью уничтожена. Вместо нее «партия и правительство» искусственно, рукотворно создали совершенно другой, выхолощенный советский социум исключительно из служащих государства, оплачи-
ваемых по единому на всю страну государственному тарифу. Кре-
стьянин и артист, земля и театр в статусном смысле уравнивались:
они в одинаковой мере перешли в полную собственность государства как «совокупные ресурсы». Различие между людьми и вещами
осталось лишь в том, что они попадали в разные категории ресур-
сов… Построение социализма, если все назвать своими словами…
– это реализованный замысел уничтожения всего человеческого во
всем общественном устройстве. Это создание искусственного советского социума… Главным последствием, основным результатом
ликвидации российского социума… стала еще большая его атоми-
зация и хаотизация: каждый сделался сам по себе, на коротком по-
водке полной зависимости от государства».

Мрачная картинка, нарисованная Юрием Афанасьевым, уже сама по себе делает невозможным действительно демократическую, не «данную сверху», эволюцию России в обозримом будущем – для этого необходим своего рода разрыв непрерывности построения «третьего Рима», мессианства и прочих атрибутов, к сожалению, присущих России.

Можно понять ошибки (к некоторым из которых применимо известное высказывание о том, что ошибка хуже преступления), и своекорыстный, идущий вразрез с интересами страны и населяющих её людей, расчёт некоторых членов правительства Егора Гайдара. Можно понять лидера Яблока Григория Явлинского, категорически отказывавшегося входить в правительства, с политикой которых он не был согласен. Труднее понять людей, всячески позиционирующих себя как жёсткую оппозицию и радостно идущих на сотрудничество с властью, которой они якобы противостояли. Продиктованная Кремлём и послушно реализованная Никитой Белых ликвидация оппозиционного Союза правых сил (СПС) в обмен на его встраивание в вертикаль власти в качестве губернатора, к тому же берущего на работу другого «непримиримого» и харизматичного оппозиционера Марию Гайдар[89] – реальность, недоступная для понимания в нормальной человеческой системе координат. Никита Белых и Мария Гайдар, конечно, далеко не единственные примеры такого коллаборационизма.

В этой связи закономерно возникает вопрос о реальности существования в России демократической оппозиции как таковой. Не реализуется ли спецслужбами со времён Горбачёва активное мероприятие под названием «оппозиция»? Этого нельзя исключить. Ещё раз вспомним, что ЛДПР была создана по инициативе ЦК КПСС и КГБ СССР. Вспомним, что один из создателей Яблока – партии, название которой состоит из аббревиатур фамилий её основателей – Явлинского, Болдырева и Лукина – ушёл на государеву службу при первой возможности и о нём никто не помнит; другой сохраняет авторитет и приобрёл статус высокопоставленного и к тому же либе-

---

89   Говоря о Марии Гайдар, в то же время, нельзя забывать о таинственной истории, происшедшей с отравлением её отца, Егора Гайдара, о которой упоминалось в контексте устранения неугодных.

рального чиновника; а идеалист Явлинский остался ни с чем. Лидер СПС Анатолий Чубайс стал подлинным, без кавычек, олигархом сразу после прихода к власти Ельцина и правительства Егора Гайдара и сохраняет этот статус уже при третьем президенте.

Разумеется, было бы неправильно не замечать или принижать то, что делают люди, которые руководствуются понятиями совести, чести, достоинства, справедливости, интересов страны и населяющих её людей, а отнюдь не власти и не собственного обогащения неважно каким путём. В действительности людей, которые руководствуются знаменитым девизом: делай, что дóлжно, а там — будь, что будет, совсем немало среди всех возрастных групп и представителей разных профессий. Другое дело, что, действуя доступными им средствами, они редко привлекают к себе внимание. Мартиролог жертв российских властей далеко не полон и отнюдь не ограничивается известными людьми. Тем более, что даже элементарная личная или профессиональная порядочность в современной российской реальности нередко становится Поступком с большой буквы.

Не стоит недооценивать и различные движения самой разной направленности, например, в защиту Химкинского леса, «синих ведёрок», выступающих против злоупотреблений спецсигналами автомобилями высокопоставленных чиновников, абсурдистских монстраций и других.

Но не стоит и переоценивать их значение – ведь в современной России усилиями её правителей нет даже зачатков гражданского общества. Системных диссидентов, которые действительно внесли решающий вклад в появление надежды на демократическое развитие страны, сменила некая мифическая «системная оппозиция», не стремящаяся ни к власти, ни к каким-либо серьёзным изменениям во внутренней и внешней политике, другими словами – очередной муляж. Если во власти или при ней остались системные диссиденты, с 2000 года они лишены каких-либо инструментов влияния.

Итак, возможность того, что Россия пойдёт по демократическому пути более чем сомнительна. Впрочем, не стоит забывать о том, что мало кто мог предвидеть демократизацию СССР на излёте коммунистической диктатуры – во времена угасающих Брежнева,

Андропова, Черненко... Эта констатация влечёт за собой другую, хотя и не вытекающую из неё напрямую.

Ситуация, сложившаяся в современной России, для неё не нова. Именно при вышеперечисленных руководителях страны, она находилась с определёнными, в чём-то существенными оговорками, в схожем состоянии, которое обычно называют застоем.

Говоря о застое, представляется необходимым уточнить, что понимается под этим термином. В традиционном значении он употребляется применительно к периоду правления в СССР Леонида Брежнева, Юрия Андропова и Константина Черненко. Застой характеризовался неограниченной властью узкого круга неподконтрольных населению правителей, пренебрежением к внутреннему и международному законодательству, холодной войной, гонкой вооружений и глобальным противостоянием с демократическими странами, подавлением инакомыслия (включая лишение свободы инакомыслящих в лагерях и в психиатрических больницах, а также жёсткую цензуру), постоянный массовый гипноз населения относительно «достигнутых успехов» и «враждебного окружения», развалом гражданской промышленности страны при наращивании промышленности военной. Были у «классического» застоя и другие черты, о которых будет сказано ниже.

В сущности, с учётом происходящего в России с момента прихода к власти Путина и его успехов в создании «стабильности» и построения «вертикали власти» с одной стороны и печального исторического опыта, некоторые отличительные черты которого были перечислены выше, можно с полной уверенностью констатировать, что новый застой уже начался. Другое дело, насколько он окажется продолжительным.

Новый застой значительно отличается от застоя брежневско-черненковского, хотя у них много общих черт. Прежде всего, это проявляется в недееспособности власти, хотя она обусловливается разными причинами – геронтократия с такими проявлениями, как старческие недомогания, включая слабоумие, имеет совершенно другую природу, чем инфантилизм, характеризующийся непониманием даже самой сути работы по управлению страной, неумением и нежеланием работать; однако их последствия для страны, населяющих её людей и окружающего мира вполне сопоставимы. *Игра*

во власть ничем не лучше *звериной серьёзности*[90], столь прису-
щей коммунистическим вождям. И то, и другое – самоубийственно.

Другая общая черта путинократии и «классического» застоя –
их заидеологизированность. Здесь, впрочем, тоже существуют
весьма глубокие различия. Руководители застойного СССР думали,
что они имеют некие высокие цели и идеалы (людям такого типа
легко и удобно заниматься самообманом), в то время как они даже
не читали «священные книги» своей антирелигии и закоснели в про-
пагандистских штампах и стереотипах. Но в любом случае это были
их собственные убеждения, их собственный опыт, из знания, их
жизнь. Например, у «серого кардинала» брежневского периода
М. А. Суслова, с начала 1930-х годов работавшего в партийных органах и приобретшего политическое влияние уже во времена Сталина в качестве руководителя внешних сношений ЦК ВКП(б) и секретаря ЦК, заведующего отделом агитации и пропаганды ЦК, а также главного редактора газеты «Правда», вошедшего в число «вер-
ных соратников» Сталина и являвшегося одним из вдохновителей и
руководителей позорной кампании борьбы с «космополитизмом», не
могло не быть по-сталински схематичных, упрощённых донельзя позиций, которые он насаждал в стране вплоть до своей кончины в
1982 году, когда он был вторым человеком в КПСС и, соответственно, в стране.

У создателей нового застоя ситуация принципиально иная.
Своего опыта, своих знаний в том, что они проповедуют, у них нет.
Как маленькие дети играют в солдатики, они играют судьбами России и других стран, например, Грузии. Но для них непоколебим миф
о «величии» СССР, которое для них символизируют Сталин, Дзержинский и иже с ними. Здесь говорится о мифе, а слово величие
взято в кавычки не для того, чтобы принизить историю страны в трагический период после большевистского переворота – было бы неправильно недооценивать сделанное тогда. Но взлёты человеческого духа, победа во Второй мировой войне и другие (причём практически все без исключения) достижения стали возможны не благодаря власти, а вопреки ей. Мифологема о «свершениях коммунистиче-

---

90   Согласно Даниилу Гранину, так характеризовал причину многих бед круп-
      ный биолог и генетик Н. В. Тимофеев-Ресовский (1900 г. – 1981 г.).

ской партии и советского правительства» оказалась слишком прочно внушённой населению, лишённому репрессиями инакомыслия. Оказалась эта мифологема близка и удобна циничной власти огосударственного криминалитета, превратившего в свои хазы Кремль, Белый дом, министерства и ведомства.

Принципиальные борцы с идеалами демократии и прав человека, убеждённые антисемиты, ненавистники человеческого в человеке и прочие нравственно и интеллектуально ограниченные и ослеплённые ненавистью творцы и продукты реальности, приведшей СССР к политическому, экономическому и нравственному краху, не понимали что они – слепые повыдери слепых, путь которых ведёт в пропасть. Надругавшиеся над народом, над разорённой и опустошённой ими страной, эти люди должны были бы остаться мрачными историческими персонажами, ошибки которых предупреждали бы преемников о недопустимости повторения своих ошибок самым наглядным образом – своими катастрофическими последствиями.

Ползучая реабилитация преступлений советской власти против собственного и других народов, начавшаяся при Ельцине, намного аморальнее и циничнее, чем то, что сотворили со страной верные ленинцы: после краха СССР и ленинской идеологии любой мало-мальски грамотный человек не может не знать и не понимать причинно-следственные связи происшедшего со страной и её населением, если он не страдает тяжелейшей аберрацией зрения и в целом находится в здравом уме и твёрдой памяти.

Разумеется, возврат к застою можно объяснить самыми разными причинами от полной исторической неграмотности его инициаторов и вдохновителей до их глубоко запрятанных коммунистических убеждений. Последняя версия тем более выглядит достоверной, что путинская «Единая Россия» по существу копирует КПСС, что «боец невидимого фронта» Путин и его пришедшие во власть коллеги «советского разлива» просто не могли не быть убеждёнными большевиками – нельзя сбрасывать со счетов их профессиональную подготовку, полученную в советские времена. Наверное, большую роль сыграло удобство для власти её советской модели. Людям с соответствующим менталитетом трудно отказаться от непререкаемости власти, её полной бесконтрольности со всеми вытекающими отсюда последствиями, в частности, возможности личного обогащения. Кстати, именно робкая, крайне непоследовательная и непродолжительная попытка Ельцина (если она действительно была) поступиться своим самовластием, наверное, является его основной заслугой в российской истории. В этом контексте нельзя не отметить подлинный подвиг М. С. Горбачёва, демонтировавшего систему своего всевластия и из высших соображений без борьбы покинувшего пост президента.

Классический и путинский застой характеризуется, среди прочего, отсутствием диалога не только между обществом и властью, но и внутри самой власти.

Во времена своего президентства Ельцин ввёл в повседневный обиход произвол в кадровой политике. Высшие должностные лица страны нередко узнавали о своих отставках из радио- и теленовостей. В этой связи уместно вспомнить эпизод с неожиданным для всех и для него самого снятия «президента» СССР Подгорного[91] со всех занимаемых постов, включая членство в Политбюро, который стал своего рода прелюдией к будущему самоуправству Ельцина, тасовавшего премьер-министров, членов кабинета, других высших должностных лиц, даже не поставив их в известность и без объяснения причин. Процитируем дневниковую запись присутствовавшего при снятии Подгорного Пленумом ЦК А. С. Черняева: «Подгорный сидел багровый, жалкий, хлопал собственным похоронам… Я понимаю, все понимают: бывший наш «президент» – человек ничтожный и случайный, ничего он не сделал и не мог… Но есть законы элементарной человечности. Есть морально-политическая сторона: авторитет этой и всякой другой должности. Ведь если «президента» так в одну секунду шмякают, причём без малейшего объяснения причин,.. то и *любая* другая *должность становится зыбкой – функцией личной верховной симпатии или антипатии* (курсив мой – А. К.)».[92] Именно в «зыбкую функцию личной верховной симпатии или антипатии» превратились при президентстве Ельцина государственные должности. Путину удалось распространить эту зыбкость на другие сферы, включая бизнес, и даже на возможность вести оп-

---

91 Подгорный Николай Викторович (1903 – 1983) – Председатель Президиума Верховного Совета СССР в 1965 – 1977 годах.

92 Анатолий С. Черняев. *Совместный исход. Дневник двух эпох. 1972 – 1991 годы*. М.: РОССПЭН, 2008. С. 280-281.

позиционную деятельность. Это – ярчайшее подтверждение уже на-
чавшегося застоя, причём застоя почти поголовно принятого населением.

Новый и давний застой роднит и предельное возрастание роли
карательных органов. Датировать начало первого застоя – дело не-
благодарное: его начало можно отнести и к приходу Брежнева к
власти в 1964 году и провозглашению им возвращения к «ленинским
принципам коллективного руководства» (которое, как известно, было лишь прикрытием диктатуры «вождя мирового пролетариата»), и
к подавлению Пражской весны 1968 года, и к перенесённому Бреж-
невым в 1972 году тяжёлому и не оставшемуся без последствий ин-
сульту. В любом случае, брежневский застой сопровождался усиле-
нием спецслужб. Что же касается путинского застоя, он неотделим
от спецслужб, пришедших к власти вместе с новым президентом в
2000 году.

Отсутствие диалога внутри власти при Путине и его марионет-
ке Медведеве намного серьёзнее, чем в советские времена. В своих
дневниках Анатолий Черняев с ужасом пишет о том, что в тогдашнем высшем органе власти – Политбюро – не было обсуждения
наиболее сложных и острых вопросов. Однако руководители всех
уровней не гнушались советоваться с подчинёнными, которые считали нормальным не соглашаться и спорить с ними, отстаивая свою
точку зрения, причём нередко им удавалось переубеждать своих
начальников. Во времена Ельцина такое тоже иногда случалось, порой удавалось повернуть руководство в нужном направлении или
исполнить поручение таким образом, чтобы на выходе получился
противоположный ожидаемому властью результат[93]. С восшествием
на престол Путина диалог во власти прекратился. «Путин никогда
своих решений не меняет», сказал мне один из его бывших коллег
по КГБ СССР в ответ на попытку подкорректировать вопиюще оши-
бочное решение исполняющего обязанности президента. Вскоре
стало понятно и другое: советы, заключения экспертов ему тоже не
нужны. Будучи президентом, он не тратил на чтение документов бо-

---

93   Как это, например, было с поручением Ельцина, данным им в мае 1997
      года, точное исполнение которого не могло не повлечь за собой острую
      конфронтацию с исламом.

лее 15 минут в день[94]. Согласно журналу «Русский Newsweek», после того, как Путин стал премьер-министром, «в Белом доме говорят, что у них просто нет такого формата: председатель у себя и работает с документами. «Приезжает за 15 – 20 минут до совещания, встречается с [вице-премьерами Игорем] Шуваловым, [Алексеем] Кудриным, проводит совещание и уезжает»... «На пятом [премьерском] этаже построили бассейн, два банкетных зала, – подтверждает один из подчиненных премьера, – и там мухи летают». По разным данным, прямой доступ к Путину – кроме Медведева – на момент публикации этой статьи был только у вице-премьеров Игоря Сечина и Алексея Кудрина.[95].

Итак, налицо все признаки застоя: непомерная роль спецслужб и других силовых ведомств в жизни страны, нежелание власти вести диалог не только с населением, но и диалог внутренний, практически тотальный государственный контроль над средствами массовой информации (немногочисленные независимые СМИ в расчет приниматься не могут за счёт малочисленности своей аудитории и скорее служат ширмой новой кремлёвской диктатуры миросозерцания), рабская зависимость любых значимых фигур от благорасположения высшей власти.

Таким образом, власть совершила очередной умопомрачительный кульбит: едва сойдя с ленинско-сталинской колеи, она вернулась в неё, слегка прикрывшись демократическими одеяниями. Произошло ровно то, о чём писал в своей статье Юрий Афанасьев: Россия вернулась туда, откуда она и не уходила из-за конечной неудачи горбачёвской перестройки.

Это движение по кругу можно проиллюстрировать следующей сравнительной таблицей.

---

94   Я был поражён, когда работая в аппарате Совета безопасности, получил на заключение записку премьер-министра, докладывать ли её Путину. В ответ на мой изумлённый вопрос мне разъяснили, что Путин читает бумаги не более 15 минут в день. Кстати, «творение» премьера я с удовольствием положил под сукно: оно было совершенно пустым.
95   Константин Гаазе, Михаил Фишман. Служили два товарища // Русский Newsweek, 22.12.2008.

	Тогда	*Сейчас*
1.	Пусть ошибочная, даже порочная идея, мессианство и империализм.	Доминирование интересов личного обогащения при сохранении империализма и видоизменённого мессианства.
2.	Выборочное следование международному праву при несоблюдении внутреннего законодательства, которое подменяли закрытые внутриведомственные акты.	По сути полное отрицание международного права под прикрытием отхода от него других стран (как в случае с Косово) или других причин. Игнорирование Конституции и других законодательных актов. Можно констатировать возрождение ленинского принципа «революционной целесообразности».
3.	Всеобъемлющий контроль за средствами массовой информации и за всей печатной продукцией, включая научную литературу (цензура).	При формальном отсутствии запрещённой законом государственной цензуры все значимые средства массовой информации, прежде всего, телевидение, взяты Кремлём под свой контроль.
4.	Прописка	Прописка советских времён формально упразднена и заменена регистрацией по месту жительства, которая, однако, является разновидностью той же прописки.

Тогда	*Сейчас*
5. Диалог с Западом по широкому кругу вопросов (прежде всего, относящихся к предотвращению военной опасности) при полном исключении тематики прав человека и демократических свобод под предлогом того, что «социалистическая демократия» является «высшим типом демократии».	С 2000 года Россия практически прекратила диалог с Западом по соблюдению демократических стандартов и по правам человека. «Социалистическую демократию» при Путине сменила «суверенная демократия». В целом диалог оказался заменённым монологами российской дипломатии, что во многом обусловлено нежеланием и неумением понять интересы и аргументы своих собеседников.
6. Стремление сохранить достигнутые позитивные результаты в отношениях с зарубежными странами.	Своеобразие трактовки прошлого подталкивает Москву к истолкованию шагов навстречу ей как «уступок» и побуждает добиваться новых уступок.
7. Недопущение за редким исключением прямого силового, тем более, военного противостояния страны с мощными зарубежными странами.	Со времён Ельцина и, особенно, после прихода к власти Путина, Москва находится в поисках эффективного «оружия», которое она могла бы применять в своей внешней политике. В отношениях с Западной Европой таким оружием стал газ. Москва пытается диктовать внешнюю и внутреннюю политику сопре-

	Тогда	Сейчас

		дельным с нею постсоветским государствам, включая Украину, Молдавию, Грузию и другие. Не брезгует Москва и применением вооружённой силы, наиболее ярким примером чего стала война с Грузией в августе 2008 года.
8.	Осторожный подход к экспорту нефти и газа, скрупулёзное соблюдение обязательства не злоупотреблять «проблемой крана». Когда впервые зашла речь о нефтегазовых поставках из СССР в Западную Европу, партнёрам было обещание[96], что СССР никогда не злоупотребит тем, что на Западе называли «проблемой крана».	Уже при Ельцине определённые силы подступались к нефтегазовому шантажу, хотя это была лишь «проба пера» с их стороны. При Путине – Медведеве использование «проблемы крана» превратилось в одну из основ российской политики.
9.	Использование политических и религиозных статей Уголовного кодекса, а также карательной психиатрии, высылок за рубеж, увольнений с работы (дающих возможность уголовного преследования за «тунеядст-	В постсоветские времена власти стали прибегать к более изощрённым методам преследования инакомыслящих, используя для их устранения «споры хозяйствующих субъектов» (как это было с ликвидацией медиа-группы

---

96   Оно не может не быть зафиксировано в архивах МИД СССР, ЦК КПСС и Совета министров СССР. Мне о нём известно доподлинно.

Тогда	*Сейчас*
во») для преследования инакомыслящих.	Владимира Гусинского), налоговые претензии, обвинения в экстремизме (наиболее яркий пример – журналист Андрей Пиантковский). Стали широко использоваться политические убийства и другие методы для устранения или нейтрализации оппозиционеров. В частности, появляются тревожные сообщения о возобновлении преступной практики использования психиатрии в немедицинских целях.
10. Безальтернативные выборы, откровенное превращение выборов всех уровней в фарс.	При Путине-Медведеве безальтернативные по форме выборы, конечно, не могли возродиться. Фарс, тем не менее, возвратился на российскую почву. Интересно при этом, что даже неприкрытой фальсификации выборов власти не хватает для её сохранения и избиратели подкупаются чем угодно, включая бутылку водки за «правильное» голосование.

Думается, сопоставление (которое, конечно, можно продолжать и детализировать), весьма выразительное... И несколько другая, чем у брежневско-черненковского слабоумия инфантильная природа нового застоя в сущности ничего не меняет.

Новый застой будет более безысходным, чем брежневско-черненковский. Ибо тогда люди надеялись на лучшее, его ждали и искали; теперь же они в основной своей массе ностальгируют по прошлому – сталинскому, брежневскому, путинско-нефтедолларовому. Организационно почва подготовлена не хуже, чем психологически: вертикаль власти заменяет всевластие КПСС, которой есть и достойный преемник в лице «Единой России» и иже с ней «Наших» и «Молодой гвардии «Единой России»».

Этот застой может быть наиболее бездарным и достаточно продолжительным периодом и длиться до тех пор, пока люди от него не устанут и не поймут смерти подобной губительности такого времяпровождения. А бездарным уже потому, что добольшевистская российская культура, с одной стороны, почти целиком утратила свои богатейшие и крайне разветвлённые корни, а советская культура – как ни парадоксально и вопреки всему во многих своих проявлениях яркая и самобытная – безвозвратно уходит в прошлое и скоро будет понятна лишь узкому кругу специалистов. (Речь, конечно, не идёт о таких ярчайших *несоветских* явлениях, как Борис Пастернак, Михаил Булгаков, Святослав Рихтер, Давид Ойстрах, Мстислав Ростропович, Дмитрий Шостакович, Сергей Прокофьев, других подлинных талантах; что же касается многих по-настоящему блестящих произведений *советского* искусства, они непонятны никому, кроме людей, живших в те времена, и потому обречены на забвение).

Новый застой неизбежно будет сопровождаться дальнейшим ужесточением политики внутри страны и конфликтностью вовне. Насколько далеко в этом могут зайти российские власти?

Думается, большая часть работы по «наведению порядка» внутри страны уже сделана: разделение властей осталось ничего не значащей декларацией, законодательная и судебная власти, как в советские времена, полностью подчинены «вертикали исполнительной власти». Выборы давно превратились в фикцию. Хуже того, люди в большинстве своём и сами голосуют так, как им указывает власть. Свобода средств массовой информации приказала долго жить. В результате фактически возродилось, но на новом, более высоком и, одновременно, более механическом уровне «монолитное единство» постсоветского общества.

Как было показано выше, в современной России имеются все признаки сползания к едва замаскированному тоталитаризму, который для этой страны в значительной мере является синонимом террора той или иной интенсивности, который, скорее всего, сохранит характер точечных акций в отношении неугодных власти лиц и организаций; массовые репрессии российские власти просто не смогут себе позволить.

Новый застой может иметь крайне опасные внешнеполитические последствия. Получат развитие имперские амбиции России, которые реализовываются нефтегазовым шантажом Украины, расчленением Грузии, угроз в адрес Молдавии, попыток диктата в отношении других постсоветских государств. К счастью, предмет особой ненависти Кремля – Латвия, Литва и Эстония – защищены членством в НАТО и в Европейском союзе. Другие постсоветские страны находятся в более уязвимом положении. Под угрозой окажется и Запад в целом. Недооценка агрессивности Москвы во многом способствовала усилению позиций «ястребов» и подготовке к началу новой холодной войны. Если лидеры западных стран будут по-прежнему благодушествовать в отношении российской политики, последствия будут печальными.

При всех негативных последствиях нового застоя, он в конечном итоге приведёт либо к приходу новой волны реформаторов и (разумеется, в ином виде) к новой перестройке, либо к взрыву, вследствие которого возможно установление подлинной демократии – не даренной, а взятой. Однако для этого новый застой неизбежно должен пройти определённые стадии развития, что займёт немало времени и потребует смены, как минимум, пары поколений.

Наиболее опасное и вполне прогнозируемое возможное последствие застоя России – её развал. Он чреват весьма серьёзными опасностями. Ведь Россия – страна, буквально нашпигованная ядерным и другим оружием, потенциальными чернобылями, давно износившимися объектами химической промышленности. Страна с обрушившейся монокультурной, ориентированной на импорт нефти и газа, экономикой. Интеллектуально обескровленная утечкой умов и полным невниманием к науке, искусству, образованию, культуре со стороны властей. Антагонизировавшая собственные территории и население по этническому, религиозному, имущественному и другим признакам. Страна, не заинтересованная, за исключением Москвы, в том, чтобы быть единой, в том числе, и по финансовым соображениям: зачем субъектам федерации кормить ничего не дающий им федеральный центр, в котором сосредоточена львиная доля всех её финансовых средств?

В результате гипотетического развала России на территории нынешней страны может возникнуть ряд новых ядерных держав, имеющих серьёзные спорные вопросы с другими построссийскими государствами. Не могут не возникнуть серьёзные проблемы с разделом вооружённых сил и их инфраструктуры. При этом большинство из построссийских государств будет возглавляться недостаточно компетентными в военно-политических вопросах людьми, что может серьёзно повысить угрозу применения оружия массового уничтожения, не говоря уже о высокой степени риска вооружённых конфликтов с применением обычного оружия. Вместе с тем, развал России с высокой долей вероятности снизит уровень конфронтации построссийских государств с соседними и западными странами.

Окончательно рухнет экономика страны. Впрочем, в случае развала огромной территории на небольшие государства, их экономика может и восстановиться за исторически непродолжительный период при соблюдения ряда условий. Запад почти неминуемо окажется накрытым волной беженцев.

Созданная Путиным «вертикаль власти», являясь своего рода страховкой от демократии, не способна преодолеть опасность развала страны. Однако она гарантирует практически повсеместный приход к власти в построссийских государствах силовиков с присущим им менталитетом.

В любом случае серьёзную опасность будет представлять загрязнение окружающей среды. Уже к концу 1990-х годов экология России была в катастрофическом состоянии. Российские, а тем более построссийские власти долгое время в первом случае не захотят, а во втором, если даже захотят, то вряд ли смогут уделять достаточное внимание охране окружающей среды, и эта огромная территория превратится в постоянный источник глобального экологического заражения.

К сожалению, пессимистический прогноз по поводу будущего России может быть скорректирован только в случае возникновения некоей экстремальной ситуации. Например, если власть будет свергнута в результате социального взрыва при сохранении, как минимум, нейтралитета внутренних войск и армии. Но кто тогда придёт к власти? Это ведь могут быть и оголтелые националисты, и «верные ленинцы», но могут быть и кто-то из демократически ориентированных людей. Этот вариант имеет то неоспоримое преимущество, что при нём существует вероятность утраты власти спецслужбами и прочими силовиками по крайней мере в ряде построссийских государств в случае их возникновения.

Существуют и другие причины, по которым ближайшее будущее России представляется безрадостным. Например, не может не аукнуться для страны обвал российской науки и образования – как школьного, так и высшего. Со времён «раннего» Ельцина образование считается чем-то необязательным: главное – зарабатывать деньги, желательно, не прикладывая к этому усилий, делать деньги из воздуха. Нищенские зарплаты школьных и университетских преподавателей привели к тому, что аттестаты зрелости и дипломы о высшем образовании, не говоря о поступлении в университеты, попросту покупаются; плюс к этому, значительно снизился уровень профессионализма преподавателей. В результате с 1992 года в России формируются, как минимум, недоучки, а то и вовсе безграмотные обладатели университетских дипломов, в том числе, инженеров, врачей, преподавателей...

К этому необходимо добавить снижения общего уровня образования. А попытки принудить всех без исключения молодых мужчин служить в армии, если они увенчаются успехом, и вовсе приведут страну не только к интеллектуальной, но и демографической катастрофе с учётом того, что в армию забирают людей не способных к военной службе по состоянию здоровья – других для сохранения огромной военной организации России явно недостаточно.

Научная работа перестала быть престижной. Соответственно, молодёжь к ней не стремится. Старение науки не сможет без коренного изменения вектора её движения не смениться её вымиранием со всеми вытекающими из этого пагубными для страны, да и мировой науки, последствиями.

С учётом того, что многие российские беды коренятся в политике – как нынешней, так и прошлой, уместно упомянуть о подмене политики, которой у России давно нет, «политическими технологиями», направленными на достижение сиюминутных целей любыми средствами. Какое будущее может ждать страну, руководители которой многие годы не задумываются о её более-менее отдалённом будущем, для которых нет людей, а есть только избиратели, а личные интересы и амбиции подменяют национальные интересы?

Существует ли возможность избежать катастрофы России? На этот вопрос должен быть дан положительный ответ. Но для этого должно случиться чудо. А именно, приход к власти подлинной интеллектуально-нравственной элиты страны. Здесь уместно пояснить, что под элитой подразумеваются такие люди, как, например, академик Сахаров, другой выдающийся правозащитник Сергей Ковалёв, Анна Политковская, Александр Яковлев и другие столь же честные, мужественные и бескорыстные люди. В скобках необходимо отметить, два момента. Во-первых, российские лидеры и видные политики к ней, элите, не принадлежат – ведь только об очень специфической элите можно говорить применительно к тем, кто регулярно и систематически нарушает все писанные и неписаные законы. Во-вторых, подлинная элита изгнана из политического и информационного пространства правящей псевдоэлитой. В-третьих, правящая псевдоэлита никогда (покуда это в её силах) элиту подлинную к средствам массовой информации и другим источникам влияния не допустит.

В 1851 году крупный оппозиционер царскому режиму Александр Герцен писал: «Еще один век такого деспотизма, как теперь, и все хорошие качества русского народа исчезнут. Сомнительно, чтобы без активного личностного начала народ сохранил свою национальность, а цивилизованные классы – свое просвещение». При всём своём пессимизме, в этом высказывании не учтена возможность деспотизма несравнимо более свирепого: Герцен даже не мог такого предположить. Любопытно, что именно на искоренение «активного личностного начала» была направлена большевистская диктатура. Но, несмотря на насаждённую властями разруху в головах, в которой Михаил Булгаков видел источник всех российских бед, оно, это самое личностное начало, уцелело, по крайней мере у единиц, перейдя в иное, не зависящее от властей русло творчества – будь то музыка, шахматы, куда бежали от всеобщей серости одарённые дети, из которых выросли такие блестящие шахматисты, правозащитники, писатели, поэты; были исключения и среди государственных служащих, в том числе, самых высокопоставленных (даже если они назывались «партийными»), наиболее ярким примером чему является великолепная тройка времён реформации: Горбачёв, Шеварднадзе, Яковлев.

Но во многом знаменитый русский оппозиционер оказался прав: ведь на российской почве были в том или ином виде реализованы антиутопии Евгения Замятина, Джорджа Оруэла, Олдоса Хаксли, включая поголовный гипноз населения, создание министерства правды и его воссоздание при Путине, предвиденную замену «Я» на «МЫ», счастье в рабстве, спаивание низов общества... Причём при Путине основной лозунг книги Хаксли «О новый дивный мир» – стабильность – стал основным для российской политики.

Именно то, что россияне поколениями калечились властью, стало основной причиной, по которой Россия вновь, как в советские времена, оказалась затянутой в воронку насилия, лжи, страха. Эта же воронка пытается поглотить страны, оказывающиеся географически, экономически или политически поблизости от неё.

Попытки взять реванш за то, чего никогда не было – что может быть опаснее? Тем более, когда власть живёт в вымышленном, весьма далёком от реальности мире.

Где-то сотню лет тому назад потерялись у русских такие понятия, как душа, совесть... Помнится, были такие чудаки, как, например, Достоевский, который об этом писал. Сейчас к российской власти применима только одна его книга – «Бесы», в которой он называл право на бесчестье важнейшим компонентом революционного движения в царской России.

Право на бесчестье – не пустые слова на российской почве. Ровно так же, как разруха в головах, которая, согласно Михаилу Булгакову, стала основой всех бед в послереволюционный период. Именно их сочетание привело к неисчислимым страданиям населения Советской империи – «от Москвы до самых до окраин», как пелось в популярной песне советских времен. Именно оно чревато наибольшими рисками – для всех.

Вырвется ли Россия из спирали разрушения самой себя и других стран, в которую, согласно некоторым аналитикам, она угодила ещё в XV веке? В повторяемости событий российской истории есть нечто завораживающее. Тем более что каждый виток в этой спирали осуществляется на всё более бесчеловечном уровне.

В результате научно-технического прогресса в XX веке Россия стала опасна для себя и окружающих, как никогда прежде. Речь даже не о ядерном оружии – опасны стали элементарная легкомысленность, бесхозяйственность, безответственность. Опасны в любой промышленно развитой, достаточно вооружённой или просто густонаселённой стране: ведь каждый из этих факторов способен вызвать серьёзные последствия, как минимум, для её соседей. Что же говорить о России – этой разваливающейся бомбе замедленного действия – в том числе экологической и химической, – в которой под воздействием морального старения, распада материи, из которого состоит государство и его инфраструктура, неумелости и безответственности ответственных за её эксплуатацию и безопасность для себя и окружающих, уже активизирован детонатор?

Могу подтвердить под присягой: Россия даже без того, чтобы использовать любой вид оружия массового уничтожения в военных целях, способна просто по неосторожности уничтожить и саму себя, и своих пусть даже не самых близких соседей. И это будет не то преступление, в котором могут быть признаны смягчающие обстоятельства.

В заключение процитирую П. Я. Чаадаева, который писал: «Позволительно, думаю я, пред лицом наших бедствий не разделять стремлений разнузданного патриотизма, который привёл страну на край бездны, который думает выпутаться, упорствуя в своих иллюзиях, не желая признавать отчаянного положения, им же созданного»[97].

Апрель 2011 г.

---

97 П. Я. Чаадаев. *Полное собрание сочинений и избранные письма*. М.: Наука, 1991. С. 478.

Благодарности

Я признателен всем тем, кто так или иначе – позитивом, негативом, информацией или даже дезинформацией – помог мне написать эту книгу.

Прежде всего, – моему отцу Анатолию Ковалёву за то, что он научил меня реалистично и скептически анализировать происходящее, и, главное, не терять в политике своих человеческих качеств, даже когда это идёт во вред карьере.

Не менее я благодарен жене Ольге, которая всегда меня поддерживала в моих самых «сумасбродных» по установившимся в России понятиям, выходках и очень помогла с подготовкой к печати этой книги.

Во время подготовки к визиту в СССР американских психиатров и его проведения мне посчастливилось познакомиться с моими американскими единомышленниками, прежде всего, с Питером Редуэем, которому я исключительно признателен за помощь в публикации этой книги и за предисловие к ней, и Лореном Роттом (без нашего взаимопонимания и взаимного доверия ситуация не сдвинулась бы с мёртвой точки).

Хочу также выразить признательность Анатолию Адамишину, Алексею Глухову, Валентину Фалину, Андрею Себенцову, Владимиру Петровскому, Сергею Бацанову, Игорю Андропову, Борису Панкину, Юрию Решетову, Юрию Дерябину, Борису Наливайко, Евгению Гусарову, Юрию Кашлеву, Игорю Иванову, Николаю Успенскому, Юрию Дубинину, Борису Цепову, Феликсу Станевскому, Владимиру Лукину, Евгению Макееву, Михаилу Фрадкову, Георгию Мамедову, Теймуразу Рамишвили, Андрею Козыреву, Евгению Примакову, Григорию Рапоте, Олегу Чернову, Георгию Кунадзе, Евгению Макееву, Анатолию Черняеву, Александру Авдееву, Виталию Игнатенко, Андрею Колосовскому, Георгию Шахназарову, Андрею Грачёву, Вячеславу Бахмину, Александру Лихоталю, Игорю Малашенко, Сергею Лаврову, Владимиру Семёнову, Рейну Мюллерсону, Валерию Лощинину, Виктору Сергееву, Сергею Купрееву, Ивану Тюлину, Василию Сидорову, генералам Ивану Розанову, Сергею Кондрашову и Евстафьеву, с которыми мне довелось в разной степени пообщаться и (или) поработать, а с кем-то из них и дружить или многие годы сохранять самые добрые отношения, а с кем-то – стойкую неприязнь. Их имена специально приводятся бессистемно, вразбивку.

Я благодарен академикам Георгию Арбатову, Николаю Иноземцеву, Владимиру Челомею, а также Александру Бовину, Фёдору Бурлацкому, людям искусства – Роберту Рождественскому и Алле Киреевой, Раймонду Паулсу, Льву Устинову, Михаилу Шатрову, Чингизу Айтматову, Андрею Вознесенскому, Василию Аксёнову, Юрию Любимову, Святославу Рихтеру, Валентину Плучеку, Юрию Никулину, которые, может быть, даже того не подозревая, во многом сформировали мою личность.

Особый поклон Сергею Адамовичу Ковалёву, Ларисе Иосифовне Богораз, Елене Георгиевне Боннер и другим советским диссидентам, с которыми мне посчастливилось повстречаться, несмотря на мою преимущественно дипломатическо-бюрократическую карьеру.

Личное знакомство с высшими священнослужителями РПЦ, включая патриархов Алексия II и Кирилла (ещё в его бытность митрополитом), с митрополитами Питиримом, Филаретом (Минским), Ювеналием, епископом Феофаном, о. Иоаном Экономцевым и многими другими помогли понять, *что* и *как* в стране происходит с религией.

Многое стало понятнее благодаря Виктору Тополянскому, уникально сочетающему великолепный и многогранный талант врачевания как отдельных пациентов (в качестве врача), так и общества (в качестве историка и публициста).

Незабываемыми и крайне ценными остались встречи с Михаилом Горбачёвым, Александром Яковлевым и с их ближайшим окружением. Моя особая благодарность Эдуарду Шеварднадзе, с которым мне, к сожалению, не довелось свидеться лично, но «бумажный» и опосредованный контакт был весьма плотным.

Я заранее признателен тем своим контрагентам, которые прочитав эту книгу или услышав о ней, не переведут меня в категорию личных врагов или, тем более, «врагов России», которую многие привычно путают с её властью.

SOVIET AND POST-SOVIET POLITICS AND SOCIETY

Edited by Dr. Andreas Umland

ISSN 1614-3515

Series Subscription

Please enter my subscription to the series *Soviet and Post-Soviet Politics and Society*, ISSN 1614-3515, as follows:

❐ complete series   OR   ❐ English-language titles
                                                    ❐ German-language titles
                                                    ❐ Russian-language titles

starting with
❐ volume # 1
❐ volume # ___
    ❐ please also include the following volumes: #___, ___, ___, ___, ___, ___, ___
❐ the next volume being published
    ❐ please also include the following volumes: #___, ___, ___, ___, ___, ___, ___

❐ 1 copy per volume   OR   ❐ ___ copies per volume

Subscription within Germany:

You will receive every volume at 1st publication at the regular bookseller's price – incl. s & h and VAT.
Payment:
❐ Please bill me for every volume.
❐ Lastschriftverfahren: Ich/wir ermächtige(n) Sie hiermit widerruflich, den Rechnungsbetrag je Band von meinem/unserem folgendem Konto einzuziehen.

Kontoinhaber: _____Kreditinstitut: _____
Kontonummer: _____Bankleitzahl:_____

International Subscription:

Payment (incl. s & h and VAT) in advance for
❐ 10 volumes/copies (€ 319.80) ❐ 20 volumes/copies (€ 599.80)
❐ 40 volumes/copies (€ 1,099.80)
Please send my books to:

NAME_____DEPARTMENT_____
ADDRESS _____
POST/ZIP CODE_____COUNTRY _____
TELEPHONE _____EMAIL_____

date/signature_____

A hint for librarians in the former Soviet Union: Your academic library might be eligible to receive free-of-cost scholarly literature from Germany via the German Research Foundation. For Russian-language information on this program, see
    http://www.dfg.de/forschungsfoerderung/formulare/download/12_54.pdf.

Please fax to: **0511 / 262 2201 (+49 511 262 2201)**
or mail to: *ibidem*-Verlag, Julius-Leber-Weg 11, D-30457 Hannover, Germany
or send an e-mail: ibidem@ibidem-verlag.de

ibidem-Verlag

Melchiorstr. 15

D-70439 Stuttgart

info@ibidem-verlag.de

www.ibidem-verlag.de
www.ibidem.eu
www.edition-noema.de
www.autorenbetreuung.de